現場力がUPする

課長の会計強化書

千代田邦夫 著
Chiyoda Kunio

中央経済社

はじめに

会社の発展は課長次第だ、と確信しています。
第一線のリーダーである課長が頑張っている会社は必ず伸びます。
理屈ではなく事実なのです。

その課長に「会計」を学ぶことをお勧めします。
なぜ会計なのでしょうか。

会社は、利益を上げなければなりません。儲けなければならないのです。株主の期待する株価の上昇も、債権者の銀行が求める元利の確実な返済も、社会還元としての納税も、そして何よりも課長を含むすべての従業員が要求する多くの給料やボーナスも、利益を上げること、儲けることによってのみ応えることができるのです。ですから、会社は利益を上げること、儲けることを使命としているのです。

　そして、その利益、儲けを計算する手段が会計だからです。


　そんなことはわかっている、という課長の声が聞こえます。でも、カネ（現金）がないのです。利益は前期を大幅に上回ったのに、手形の決済や借入金返済のための資金が不足しているのです。設備投資資金の調達に苦慮しているのです。

　商売の原点は、「利益＝現金」の獲得です。そして、会社の生死を決めるのは現金（カネ）です。しかし、厄介《やっかい》なことに、カネは利益とは異なる動きをするのです。しかも、その動きは見えにくいのです。

　とは言え、カネは〝ルール〟に従って循環しているのです。

　課長！　カネの動きをつかみましょう。


　社員は、会社がどのような方向に向かっているのか、自分の毎日の仕事が会社全体の中でどこに位置しているのか、を知りたいのです。

　そこで、課長は、部下の社員に会社の「全体像」を示し、会社の現状と展望を語らなければなりません。会社の全体像は財務諸表によって示されます。財務諸表は会社を映す「鏡」だからです。

　そして、社員の毎日の仕事は財務諸表に現れます。どんな会社であっても、一人ひとりの行動が財務諸表に凝縮されているのです。あなたの部下は、貸借対照表や損益計算書のどこに位置していますか？　どの数値と関係していますか？

　課長！　財務諸表を読み取る力を付け、財務諸表に基づいて部下をリードしましょう。

　会社が成長する最大の要因は、「売上げを伸ばすこと」に尽きるのです。
「増収増益」の連続が理想です。

　しかし、それは容易なことではありません。時には「減収増益」を目標にすることもあります。無駄な費用を削り、無意味な損失の発生をくい止めるためには、発想の転換が必要です。

　課長！　損益計算書を下から読むのです。

　会社の将来は過去を観ることなくして語れません。パナソニック株式会社は２０１８年度に創業１００周年を迎えました。21世紀18年間の財務諸表を通して、同社の苦況とその闘いを概観します。

　本書第７章から第10章の「パナソニック物語」を読んでください。

　課長！　すると光が見えてくるのです。

会社はいろいろなリスクに晒《さら》されています。株式市場や外国為替市場の大幅な変動、取引先の倒産や不良債権の増加、個人情報や機密情報の大量漏えい、システム障害、訴訟・風評、長時間労働やハラスメントなどなど。

これらのリスクを脅威としてだけではなく、新たなビジネスモデルや販売チャネルの創出といったチャンスとしても捉え、積極的なリスクテイクによりリターンを最大化するという経営管理方法がＥＲＭ経営（Enterprise Risk Management）です。本書の補章で紹介します。

よい上司に出合え遺憾なく力を発揮している部下もいます。逆に、上司に恵まれないために力を発揮できず、結果的に挫折してしまう部下もいます。

部下にとっては、どのような課長とめぐり合えるかは切実な問題です。

「会社は選べても課長は選べない。」

ですから、課長！　あなたの学ぶ姿勢が問われているのです。

著　者

現場力がＵＰする課長の会計強化書●目　次

第3章　なぜ「閉店セール！」をするのか？

——在庫はカネの塊《かたまり》なのです　31

第1章

カネは利益とは異なる動きをするのです

ビジネスは戦いです。売上げを伸ばそうとすると、売掛金の回収は長期化します。「支払いを延ばしてくれるなら買います」という交渉になるからです。良質な原材料や商品を安く仕入れ原価のコストダウンを進めようとすると、買掛金の支払いは早まります。ライバル会社より有利な仕入れを行うには仕入先に早めに支払いを済ませる必要があるからです。売上げは伸び、原価は低減し、当期純利益は増加しますが、資金繰りは逆に苦しくなるのです。

商売の原点は「利益＝現金」の獲得です。しかし、この公式が通常のビジネスでは成立しないのです。

課長！　カネは利益とは異なる動きをするのです。

1 カネが循環していますか？

会社はビジネスを行うために資金を調達します。調達の方法は、他人から借りるか、自分で賄うか、そのいずれかです。つまり、銀行などからの借入金か、経営活動の成果としての利益かです。

会社は、調達した資金を投資し、より大なる資金の回収を目指します。

例えば、〔現金〕→工場の建設（有形固定資産）→原材料の購入（原材料）→製品の完成（製品）→製品の販売（売掛金）→売掛金の回収（受取手形）→現金〕です。

図表1－1をご覧ください。〝カネ〟が〝モノ〟に変わり、また〝カネ〟として戻ってくるのです。そして、戻ってきたカネは再び投資されます。もちろん、借入金の返済などにも利用されます。

課長！ **図表1－1**の矢印に注目し、カネが毎日循環している、とイメージしてください。

ところで、

① カネが循環していないのです。

図表1－1 カネの調達と運用を表す貸借対照表

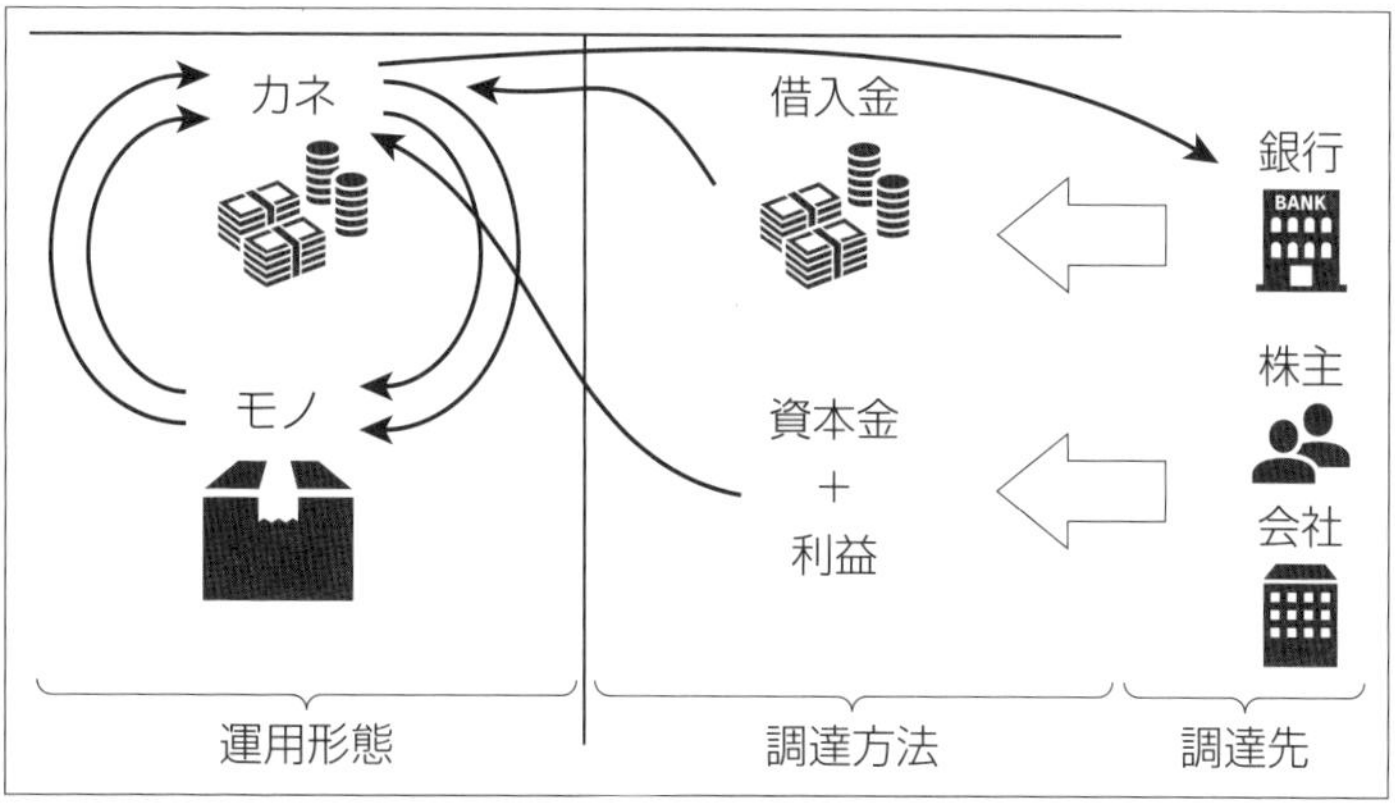

② カネは循環しているけれどもその回転が鈍いのです。

③ カネが比較的順調に循環しています。

①のように、カネが循環していない状況は、投資した資金が回収できていないのです。多額の売掛金や貸付金が焦《こ》げ付いているのです。売れない商品や製品が倉庫に山と積まれているのです。現金が入ってこないので、手形の決済にも追われます。従業員給料の遅配も心配です。銀行からの借入れも思うようにならず、かなり危険な状態です。

②のように、カネは循環しているけれども回転の鈍い状況は、一部の売掛金が回収できず、陳腐化した商品や製品もあるのです。経営が悪化した子会社への貸付金の回収が遅れているのです。このままでは、銀行は貸出金の回収を急ぎます。

③のように、カネが比較的順調に循環していると、計画どおりに物事が進みます。手形の決済も

借入金の返済も問題ありません。事業拡張のための資金の借入れもスムーズに行われるでしょう。そして、投資された資金は、再び図表1－1の左側でグルグル循環し、その円はさらに大きくなるのです（図表1－1をもう一度見て、円がグルグル回転し大きくなる状況を思い浮かべてください）。会社の規模もいっそう拡大するのです（69頁）。

2 カネは〝ルール〟に従って循環するのです

「会社にとってのカネの循環は人体にとっての血液の循環である」とよくいわれます。私たちは、異常な胸の痛みに襲われると、ものすごく不安になり、医者に駆け込みます。会社の場合は「現金預金」がちょうど身体の心臓に当たります。ここがカネの流れの出発点であり、ゴールでもあります。

しかし、カネが順調に循環していないのです。財務諸表に現れています。財務諸表を通して会社が苦しいと言っているのに、多くの課長は関心を示さず、結果として取り返しのつかない状況に陥ってしまうことが多いのです。

課長！　カネは〝ルール〟に従って循環しているのです。

ルール①　利益はカネを生み、損失はカネを消失する。

カネの源泉は損益計算書の当期純利益です。もちろん、当期純利益と同額の現金が当期に入金されたということではありません。先に品物を渡して後日に代金の受け渡しをする「信用取引」が中心だからです。しかし、当期純利益が計上されているからこそ現金が入ってくるのです。利益を上げることはカネの調達の第1の源泉なのです。

逆に、当期純損失の場合は、現金が消失したのです。

ルール②　売上債権の増加額はその分カネを減少させ、売上債権の減少額はその分カネを増加させる。

売掛金と受取手形のことを「売上債権」といいます。売上債権が前期に比し増加したということは、現金での回収が進まず滞留してしまったので、その分カネが減ったのです。

逆に、売上債権が前期に比し減少したということは、現金での回収が進んだので、その分カネが増えたのです。

ルール③　棚卸資産の増加額はその分カネを減少させ、棚卸資産の減少額はその分カネを増加させる。

商品や製品、原材料や仕掛品のような棚卸資産が前期に比し増加したということは、これらに投資した現金が固定化してしまったので、その分カネが減ったのです。

逆に、棚卸資産が前期に比し減少したということは、固定化している現金が減ったので、その分カネが増えたのです。

ルール④ 仕入債務の増加額はその分カネを増加させ、仕入債務の減少額はその分カネを減少させる。

買掛金と支払手形のことを「仕入債務」といいます。仕入債務が前期に比し増加したということは、支払いの延期で現金に余裕が生じたことを意味します。その分カネが増えたのです。

逆に、仕入債務が前期に比し減少したということは、決済のために現金がより多く支払われたので、その分カネが減ったのです。

ルール⑤ 減価償却費はその分カネを増加させ、貸倒引当金の増加額もその分カネを増加させる。

建物や機械装置などの固定資産に係る減価償却費は、当期純利益を計算する前にすでに費用として処理されていますが、実際には現金支出はありません。固定資産を取得した最初の年度に現金は支出されましたが、その後は現金の支出はなく、適正な期間損益を計算するために費用として処理しているだけだからです。社外に流出しなかったので現金が残っているはず

図表1－2　利益とカネのルール

	利　益	カ　ネ
•売上債権の増加 •棚卸資産の増加 •仕入債務の減少	↗	↘
•売上債権の減少 •棚卸資産の減少 •仕入債務の増加	↘	↗
•減価償却費 •貸倒引当金の増加	↘	↗

です。その分カネが増えたとみなすのです。

売掛金や貸付金などの貸倒れに備える貸倒引当金《かしだおれひきあてきん》の前期と比べた増加額は、貸倒引当金繰入額の前期と比べた増加額のことです。貸倒引当金繰入額も適正な期間損益を計算するために費用として処理しますが、これも現金支出はなかったので現金が残っているはずです。その分カネが増えたとみなすのです。

ルール①の損益とルール⑤の減価償却費は、当該期間の全額です。ルール②とルール③とルール④の増減は、前期の貸借対照表と当期の貸借対照表における各勘定科目の差額のことです。

売上債権の増加と棚卸資産の増加（両者とも貸借対照表の左側の増加）、そして仕入債務の減少（貸借対照表の右側の減少）は、利益を押し上げる〝プラス〟に働くのですが、資金的には〝マイナス〟に作用するのです。

逆に、売上債権の減少と棚卸資産の減少、そして仕入債務の増加は、利益を押し下げる〝マイナス〟に働くのですが、資金的には〝プラス〟に作用するのです。

ルール⑤の減価償却費全額と貸倒引当金の増加額は利益を減少させるのですが、資金的には〝プラス〟効果です。

課長！　**太字部分**が、カネは利益とは異なる動きをするということです（図表1－2）。

そして、やっかいなことに、カネの動きは見えにくいのです。

3　カネの「調達」と「運用」

動いている会社をカメラで撮り、一定時点の財政状態（資産と負債と純資産の状態）を写すものが貸借対照表です（第5章で検討します）。ですから、貸借対照表は会社が静止した状態を示しているのです。

しかし、ここでは、貸借対照表のカネの動きに焦点を当てましょう。

そこで、**図表1－3**のようなケースを考えてみます。前述の〝カネのルール〟に従って説明しますが、「出所《でどころ》」は、ベストセラー『人事屋が書いた経理の本』です(1)。

図表1－3　貸借対照表上のカネの動き

カネの運用		カネの調達	
売掛金	＋2	買掛金	＋3
受取手形	＋2	借入金	＋6
棚卸資産	＋4	当期純利益	＋2
固定資産	＋6	資金不足	③

貸借対照表の右側は「カネの調達」を示します。その左側は「カネの運用」を示します。

２０X1年3月期の貸借対照表（ハコ）の右側の「カネの調達」において、同期の損益計算書の当期純利益が＋2であったとします。会社が経営活動の結果生み出したカネです。また、買掛金が前期より3増えたとします。支払いの延期で資金に余裕ができたのです。そして、当期に取得した固定資産のための借入金が6増えたとします。カネの調達は合計＋11です。

一方、ハコの左側の「カネの運用」は、売掛金が前期比2の増加、受取手形も前期比2の増加とします。そして、売上げに見合わない製造を行ったため棚卸資産の在庫が前期比4増えたとします。さらに、固定資産も予定どおりの設備投資を行ったため6増えたとします。カネの運用は合計＋14です。

結果として、3（14－11）の資金不足が生じたのです。その要因については、種々考えられます。まず、ハコの右側の自分のカネ（当期純利益）についてです。このデータからは簡単には結論できませんが、その＋2も決して多くはありません。売上げが伸びていないのです（より大なる売上高がより大なる現金を産むのです。96頁で説明します）。そして、固定資産取得の原資である借入金＋6についても、その金額の妥当性や投資のタイミングなど検討の余地があります。しかし、投資したのです。

ハコの左側はどうでしょうか。売掛金＋2（資金的にはマイナス2）は相対する買掛金＋3の範囲内にあるので許されるでしょうが、受取手形＋2は問題です。振出日から支払期日までの期間の長い手形を受け入れたり、支払いの延期を求められていたのです。棚卸資産＋4は明らかに製造計画の誤りです。そして、借入金による設備投資に＋6も要したのです。

資金不足3は、さらなる借入れでカバーするしかありません。

次期以降状況が好転し、売上債権が順調に回収され、棚卸資産が捌《は》け、固定資産の稼働率が高まるならば資金ショートは徐々に解決するでしょう。

しかし、状況が好転しないと、増加した借入金9（6＋3）に係る支払利息が増えるので、次期（20X2年3月期）の当期純利益にマイナスの影響を及ぼします。それはまた、次期の貸借対照表のカネの調達にシワ寄せがくるのです。当期純利益が減った分だけ、資金不足が生じます。さらに、債権が焦げ付き、在庫が滞留すると、資金繰りはますます苦しくなります。

4 カネの動きの〝スピード〟

ハコ（貸借対照表）の左側に注目しましょう。そこには、「回転速度」（スピード）の違う2つのカネが動いているのです。毎日ぐるぐる回っているカネと長期間にわたって寝ているカネ、すなわち、運転資金と固定資金です。

運転資金は、在庫（購入）→売掛金（販売）→現金（回収）→在庫（再購入）という営業活動のサイクルに従って動いています。まさに人間の血液と同じです。前項のケースでいうならば、ハコの左側の売掛金＋2、受取手形＋2、棚卸資産＋4とハコの右側の買掛金＋3です。

つまり、**運転資金の動きを見るには、「売上債権の増加＋棚卸資産の増加－仕入債務の増加」の3つの動きに注目するのです**(2)。この分だけ運転資金が余分に必要になるからです。

前項のケースでは増加運転資金として5（2＋2＋4－3）が必要です。社債や株式の発行による調達は無理でしょうから短期の借入れしかありません。

ところが、固定資金は会社基盤である固定資産に投じられたカネです。このカネは長期間回収されず寝ているのです。

例えば、鉄筋コンクリート造りの工場建物の耐用年数は税法上38年です。ある工場建物に総額19億円が投資されたとすると、毎年の減価償却費を定額法により算定すると5000万円です（19億円÷38年）。その減価償却費5000万円は経費として材料費や労務費と同じように製品の製造原価に含まれます。そして、製品を販売することによって、その代金から製造原価を回収します。つまり、38年をかけて19億円を回収するのです。カネが38年間も寝ているのです。

ポイント

カネは、売掛金と受取手形と棚卸資産に姿を変えて寝ているのです。そして、固定資産の中で長期間寝ているのです。

一般に、オーナー社長の目が届くうちは、無駄はあまり発生しません。社長はすべてオレのものと考えているので、売掛金の回収を急がせ、無駄な商品や無駄な固定資産を持たず、無駄な借入れもせず、無駄な税金も払わないのです。

しかし、規模が拡大するにつれ、あちこちに多くのロスが発生します。その原因は、計画の失敗、トップの判断ミス、見積りの甘さ、部課長同士の対立、従業員の不注意や怠慢などさまざまです。そして、経営者はともかく、部長も課長も、会社はオレのものではなくオレの体ではないので、さほど痛みを感じないのです。

目標利益とカネの好循環の2つを達成することが経営です。経理課長や財務課長はこのことをよくわかっています。しかし、販売課長や営業課長をはじめ多くの課長は「与えられた目標利益」の達成に最大の関心を払い、どちらかというとカネの動きには敏感ではないのです。

課長！　あなたは、貸借対照表の左側のさまざまなモノが、動いているのか、止まっているのか、どのくらい止まっているのか、を知らなければならないのです。循環しないカネ、寝ているカネを起こすのは、あなたの仕事です。

〔注〕
(1) ㈱CDI監修、協和醗酵工業㈱著『人事屋が書いた経理の本』ソーテック社、1978年、157-159頁。
(2) 同書、189頁。

第2章

債権はカネにあらず
――見えるコストと見えないコスト

売掛金と受取手形である売上債権は売上げの結果発生するので、それが大きいということは売上げが大きいということです。売上げが伸びるほど、売上債権も増加します。逆に、売上げがダウンするほど、売上債権も減少します。ですから、売上債権が大きいということは、一般には望ましいことなのです。

しかし、売上債権はまだ現金化されていないので不良債権となる危険性があります。

次頁の図表2－1は、ある会社の〝売掛金管理マニュアル〟です。新入社員のパソコンに張ってありました。売掛金管理の核心を突いています。

課長！　あなたも関係しているのです。自らの職務を再確認しつつ、全部読んでください。1分もかかりません。〔 〕は私見です。

図表2－1 売掛金管理マニュアル

❶ 契約時点

- 契約は当社のベースになっているか
- 回収条件は明確になっているか
- 回収は重要な利益獲得財源であることを十分認識しているか
〔**そのとおりです**〕

❷ 契約条件遵守

- 契約どおり入金しているか〔**忘れがちなポイントです**〕
- 欠品，未搬入の処置を行っているか
- どうしたら早く検収してもらえるかを考えているか
〔**検収が1日遅れると〆日《しめび》との関係で回収は1カ月遅れます**〕

❸ 処理のミス

- 納品書，請求書は遅滞なく発行しているか
- 変更事実があったら直ちに切り換えているか〔**重要です**〕
- キャンセル防止を常に考えているか〔**さすがです**〕
- 返品処理を怠っていないか〔**相手の最大の関心事です**〕
- 出荷ミス，計算ミスの対策は十分か

❹ クレーム対策

- クレームに対して迅速な処置をとっているか
- 対策はどこまで進んでいるかを把握しているか
〔**極めて重要なポイントです**〕
- 交換部品の供給は直ちに行っているか〔**忘れがちです**〕

❺ 請求方法

- 先方の支払い怠慢は当方のプッシュ不足であることを知れ
〔**正解です**〕
- どのようなプッシュ方法が有効かを考えているか
〔**これもさすがです**〕

1 見えるコストと見えないコスト

銀行から借金をして商品を購入し製品を製造し販売する、という相当な時間とコストをかけて売掛金が発生します。ですから、売掛金は、それまでに投資したカネの塊《かたまり》なのです。カネが寝たままなのです。明らかに見えるコストです。

売掛金は得意先に対するいわば貸付金なのに、利息を請求することはできません。そんなことをしたら、顧客は逃げてしまいます。見えないコストです。なかには売掛金に対して利息を計算し得意先元帳に記載している会社もありますが、それは、仮の利息を明示することで、カネが寝ていることの注意を経理や営業担当者などに喚起し回収を急がせるためです。〝グッド・アイデア〟です。

支払いが滞《とどこお》っている得意先に毎月毎月請求書を発送し、何度も何度も電話し、たびたび足を運びます。仕事とはいえ不愉快です。見えないコストです。場合によっては法的手段に訴えます。何回も役所に行き必要な書類を揃え、弁護士に連絡します。幸いこの問題は片付いたとします。が、後日、とてつもない金額の請求書が弁護士から届きます。見えるコストです。「ひでぇなあ」と「弁護士ってスゴイなあ」との思いを重ねつつ、「どうせ会社が払うんだから」と、気持ちを落ち着かせます。

売掛金を手形で回収しても、手形に記載された支払期日まで現金を入手することはできません。資金繰りの関係でこの手形を銀行で割り引いた場合、例えば1000万円の手形を3％の割引料を支払って現金化した場合、割引料30万円は割引時点から支払期日までの利息に相当します。これは見える高いコストですが、割り引くことに慣れてしまうと見えないコストです。

回収が遅れると、入金すれば購入できたものも買えなくなるということにもなります。「機会損失」といわれますが、見えないコストです。

そして、売掛金と受取手形はまだ現金化されていないので、貸倒れの危険性があります。不安です。オレの会社は大丈夫だという大会社の課長！　連鎖倒産のリスクもあるのです。見えないコストです。

このように、売掛金や受取手形の売上債権にはもろもろのコストが掛かっているのです。ですから、課長！　売上債権回収のポイントは、確実な回収と早期回収の2つです。

2 売掛金の確実な回収のためには？

(1) 会議を盛り上げよう

次頁の図表2－2を見てください。ある会社の月例債権管理会議に提出された資料の一部です。経理課長と財務課長はもちろんのこと、販売課長や購買課長、倉庫課長や品質管理課長なども出席していました。

課長！ まず、あなたの意見をお聞かせください。3分待ちます。

会議ではあなたの疑問をぶつけてほしいのです。会議を盛り上げてほしいのです。

(2) 資金繰りは「経理課長マター」？

経理課長や財務課長は、毎月の資金の「入り」と「出」を管理するために「資金繰り表」を

図表2－2　売掛金管理元帳

（20X1年10月31日現在）

（単位：千円）

得意先名	当月末残高	残高の内容				当月回収高
		7月以前売上	8月売上	9月売上	10月売上	
A社	7,000	0	0	7,000	7,000	7,000
B社	18,000	5,000	0	2,000	13,000	2,000
C社	125,000	40,000	30,000	50,000	30,000	25,000
D社	150,000	50,000	50,000	50,000	50,000	50,000
E社	50,000	20,000	10,000	5,000	15,000	0

ひとつの意見です。

A社 ── 売上規模は小さいが，売掛金の回収は順調。前月売上分が当月に確実に回収されている。当社に対する今後の戦略は？

B社 ── 9月売上分は回収されているのに，なぜ7月以前の売上分が未回収なのか？　その対策は？

C社 ── 回収状況が非常に悪い。なぜだ？　当月回収の2,500万円はいつの売上げ（売掛金）に係わるものか？　相手の資金状況に応じて適当に入金されているのか？　与信限度（顧客に信用で売ることのできる最高限度額）はどうなっているのか？緊急な対策が必要だ。

D社 ── 確実に入金されているが，回収期間が長い。大口の得意先だから遠慮しているのか？　このままでいいのか？

E社 ── 相当重症な得意先である。当月の回収は0。古い売掛金も残っている。その理由は？　にもかかわらず，毎月出荷している。特に10月の売上げが大きい。今後も取引を継続するのか？

作成しています。買掛金の支払いや支払手形の決済、従業員の給料や諸経費の支払いなど出ていく資金と、売掛金の現金回収や受取手形の期日入金などにより入ってくる資金を比較し、不足しているならば短期の借入れや手形の割引で資金を調達します。また、臨時的に多額の資金を必要とする場合もあります。例えば、設備投資資金や借入金の返済資金などです。

最大のポイントは、売掛金の現金回収と受取手形の期日入金です。経理課長や財務課長は、売掛金と受取手形の回収状況を常に把握しています。しかし、回収が予定どおり進まないと資金計画が狂ってしまいます。それが繰り返されると、販売課長や営業課長など関係課長への不信感が募るのです。傍点部分も見えないコストです。

販売課長、営業課長！　売掛金の回収を経理部のみに任せていませんか？　回収をおろそかにしている部下はいませんか？　売上げのノルマを達成すれば回収は遅れてもよいとする営業マンがいて、それを黙認する課長も結構多いのです。**販売と回収は車の両輪です。特に販売課長や営業課長は、資金管理の直接の責任を担っていることを決して忘れてはなりません。**

そして、大プロジェクトに熱中している企画課長や研究開発課長！「資金繰り表」なんて、と馬鹿にしないでください。月々の資金管理がきちんとできているからこそ、夢を語れるのです。

(3) "クレーム" 処理を迅速に！

売掛金の滞留をチェックすると、例外なくクレームに係わるものがあります。

クレームが発生しても、「配送のヤツの不注意が原因だ」とか、「据え付けが悪いんだろう」とか、「客の使い方が悪いんだ」などと言って、責任を転嫁したり回避したりするのです。そして、「あのトップメーカー○○もあるそうだ」なんて部長が言うものですから、課長も安心し、会議はお開きです。

「クレームはいかに早くかつ双方が納得できる形で解決するか(1)」、これが顧客から信頼されるための重要なポイントです。そして、クレーム処理の原則は、「一格上が顔を出せ(2)」です。話がこじれ部下が手に負えない時こそ、課長！　あなたの出番です。

考えてみよう　ある会社の部課長会議に出席しました。品質管理課長が「今年もクレーム処理費用が2000万円ほど掛かります。大体例年どおりです」と淡々と報告します。誰しも自分の部署のミスを指摘されたり、注意を受けたりするのは気分がいいものではありません。

課長同士の「紳士協定」ができていて、会議は事もなく終了します。

売上高８００億円、営業利益25億円、売上高営業利益率３％（25億円÷800億円）の会社です（少し残念な業績です）。すると、クレーム費用２０００万円は、売上高６億７０００万円（2,000万円÷売上高＝３％）にも相当するのです。のんきなものです。

3 売掛金の早期回収のためには？

(1) どうしたら早く検収してもらえるか

図表2－1の〝売掛金管理マニュアル〟❷において、「どうしたら早く検収してもらえるかを考えているか」という項目がありました。

毎日の厳しい競争の結果、かなり大口の契約をまとめることができた営業マンにしてみれば大いなる喜びでしょう。製品を出荷し売掛金が発生します。通常の取引からして３カ月ないし４カ月後には入金が期待されるところです。

ところがです。当社ではすでに売掛金が計上されているのに、売上先（得意先）は買掛金を計上していないのです。購入した製品の検収が未だ終わっていないからです。例えば、得意先の〆日《しめび》が毎月20日、翌月10日支払いならば、9月19日出荷（売掛金計上）、20日納品、21日検収（買掛金計上）の場合、相手の支払いは10月10日ではなく11月10日になります。1日遅れで回収が1カ月遅れるのです。実は、当社の出荷が予定どおりいかず遅れたからです。

1カ月回収の遅れた事案については、会社の定める〝グレーゾーン（要注意）〟なんて領域に入れられて、翌月〔右の例では11月〕の債権管理会議などで報告されます。いつものように担当課長が言います。「〔1カ月遅れているのに〕今月入金予定です。」誰も質問しません。常態化しているのです。

考えてみよう　売上高３００億円、営業利益15億円、売上高営業利益率５％（15億円÷300億円）の会社です（まあまあの業績です）。営業マンが新規に獲得した契約（1億円）に係る製品の出荷が配送ミスで相手先の〆日に間に合わず、手形での回収が1カ月遅れました。どんな影響を及ぼすのでしょうか?

売上高約42万円に相当するのです（1億円×5%×1カ月÷12カ月）。ある従業員1カ月の給料分です。

ですから、「どうしたら早く検収してもらえるかを考えているか」が大切なのです。

(2) 受取手形の〝サイト〟に注意！

売掛金の回収では現金か小切手がもらえればよいのですが、それは無理でしょう。課長の会社が買掛金の支払いを手形（約束手形）で済ませているのに、得意先には現金か小切手をくれというのは虫がよすぎます。ですから、まず、売掛金をいかに早く手形化するかということです。手形化することによって回収の確実性は高まります。

なぜなら、約束手形を振り出した会社は、手形に記載した支払期日に手形代金を支払わなければなりません。通常は当座預金から引き落とされるので、支払期日に預金残高が不足していると、手形は「不渡り」となります。不渡りが半年間に二度あると、銀行取引停止処分を受けます。手形交換所に加盟する銀行が当該会社との取引を停止するのです。現在の信用社会においては、銀行取引停止処分は、倒産という結果をもたらします。

もちろん、手形を入手したといっても、支払期日が1年先というのでは話になりません。しかし、受け取る手形の〝サイト〟（手形の振出日から支払期日までの期間）は、課長の会社が振り出す手形のサイトの問題でもあるのです。自分の会社だけサイト3カ月、得意先に要求するのは2カ月、なんて都合のいい話はありません。自社の振り出す手形のサイトが3カ月なら、顧客から受け取る手形のサイトも3カ月ならよしとするのです（もっとも、手形サイトの問題は取引会社間の「力《ちから》関係」でもあるのです）。

考えてみよう　売上高５００億円、当期純利益10億円、売上高純利益率２％（10億円÷500億円）の会社です（物足りない業績です）。大手の得意先を含む数社（手形振出人）から受取手形合計5億円について1カ月の支払いの延期を求められています。

するると、金利を年２％として約84万円（5億円×２％×１カ月÷12カ月）の損失が発生することになります。これを売上高に換算すると、４２００万円（84万円÷売上高＝２％）です。

言い換えるならば、当社の場合、５億円分の受取手形のサイトを1カ月延長すると、売上高４２００万円が吹っ飛んでしまうということです。売上高純利益率と手形金額によりますが、その影響は大きいのです。

4　売上債権の回収日数に注意せよ！

売上債権の管理は、得意先ごとの売掛金と受取手形に対するコントロールが基本です。が、会社全体の売上債権の動向にも注意しましょう。

商品や製品を出荷（売上高の実現）してから現金が回収されるまでの期間を表したものが、「売上債権回転期間」です。これにより、売上債権の回収日数がわかります（図表2－3）。

課長！　売上債権回転期間は、あなたの出席する毎月の実績会議などで必ず報告されるデータです。前年同月の実績値も示されているはずです。回転期間の変化に注意してください。徐々に改善されていますか？

そして、会社は売上債権回転期間の当期の目標値を設定しています。その目標値と毎月の実績値にも注意してください。異常値に気付いたら、迷わず質問してください。

5 貸倒引当金でOK？――アンテナを高く

得意先が倒産し貸《かし》倒《だお》れが発生すると、「貸倒引当金が

図表2－3　売上債権回転期間の算式と具体例

$$\text{売上債権回転期間} = \frac{\text{売掛金} + \text{受取手形} + \text{割引手形}}{\text{1日当たり売上高（売上高} \div \text{365日）}}$$

例えば，売上高1,000億円，期末の売掛金と受取手形（割引手形を含みます）の合計250億円の会社の場合，回転期間は92日です。出荷から約3カ月で現金化されるということです。

$$\text{売上債権回転期間} = \frac{\text{250億円}}{\text{2億7,400万円（1,000億円} \div \text{365日）}} = \text{92日}$$

あるから大丈夫だ」と言う経理課長や財務課長がいます。前期以前にすでに費用処理しているので、今期の損益には影響がないからです。つまり、貸倒れのリスクに備えるためにその見積額を「貸倒引当金繰入額」という科目で売上高が計上された年度に販売費として処理し、同額を「貸倒引当金」として計上しているからです。その後に発生した貸倒損失は貸倒引当金と相殺され、当該期間には発生しないのです。会議もなんとなく安心感が漂います。

しかし、これですべてが解決したのでしょうか？

問題は、貸倒れが発生したという事実なのです。なぜ貸倒れが発生したのか、なのです。その得意先の危険な状況を事前に知ることができなかったのでしょうか？　ライバルのX社がリスク情報をキャッチし取引を停止していたことが後日判明したとするならば、課長！　あなたの会社は遅れているのです。

考えてみよう　貸倒損失6000万円が発生しました。売上高1000億円、当期純利益40億円の会社です。担当課長は「動揺するほどのことはない」と言います。

しかし、です。当社の売上高純利益率は４％（40億円÷1,000億円）です。すると、貸倒損失6000万円は、なんと15億円の売上高に相当するのです（6,000万円÷売上高＝４％）。売上高15億円を〝パァ〟にしたことと同じなのです。もし貸倒損失が1億円ならば（あり得ます）、それは、売上高25億円にも相当するのです。

年間売上高1000億円の会社においてさえも、厳しい競争下で15億円の売上げを実現することは並大抵ではありません。いわんや25億円をや。

「貸倒引当金でカバーしたから」では済まされないのです。

信用取引において多少の貸倒れの発生はやむを得ないのかもしれません。確かに、税務上も損金処理できます。しかし、最大のポイントは、貸倒れのリスクを最小化することです。

各課長は、アンテナを高く立て、取引先などの情報を相互に交換し、再発防止に努めなければなりません。実績会議と称しながら毎月開かれる会議は、一方通行の報告で終わっていませんか？

ポイント

課長！ あなたの出席する会議は、いずれの会議にしても会社の命運を握っているのです。

課長になって初めて出席した会議の緊張感を思い出してください。あらかじめ準備した原稿を読む時も、思い切って発言した時も、手に汗をかいていたことでしょう。

今はどうですか？ 数々の経験が力となり、会議をリードしていることでしょう。

一方で、「こんなこと言っても意味ないや」とか、「会社は変わらないよ」と、思うこともあるはずです。慣れが生じているのです。

課長！　会議で発言してください。

あなたが発言すると、債権管理会議においても、購買方針や販売方針、製造計画や在庫管理、クレームを含む品質管理、マーケティング、企画や研究開発、人事、教育研修、広報なども話題になり、各担当課長が発言し、会議が成立するのです。

〔注〕
(1)　金川千尋（信越化学工業会長）『社長が戦わなければ、会社は変わらない』東洋経済新報社、２００２年、１７４頁。
(2)　浜田広・大塚英樹『リコー会長浜田広が語る「随所に主となる」人間経営学』講談社、２００２年、１５１頁。

第3章

なぜ「閉店セール！」をするのか？
――在庫はカネの塊《かたまり》なのです

私の生まれた町はＪＲ高崎線の吹上《ふきあげ》です。隣が行田市《ぎょうだ》です。昭和10年代から20年代、足袋の生産高ではおそらく日本一だったと思います。私の親父も足袋の仕上工でした。

学生時代、行田のある足袋工場の息子（あの人気ドラマ『陸王』の３代目）の家庭教師をしたことがあります。教員になって訪ねると、社長の親父さんが「先生は在庫を持たずに済んで、いい商売ですね」と、しみじみ言っていました。

もちろん、教員も知識や情報などの在庫を持たないとダメです。グローバルな市場とローカルな市場に「倉庫」を構えないとダメです。ただし、我々には物理的な倉庫はいりません。

大型製品が満杯の倉庫を見るたびに、金歯のハンサムな２代目を思い出します。

1 在庫はカネの塊《かたまり》なのです

メーカーであるならば、製品を製造するために材料費と労務費と経費が発生します。相当な資金が必要です。その資金は、多くの場合、銀行からの借入金です。借入金には金利が掛かります。そして、仕掛品や半製品を経て、製品として完成します。しかし、すぐには売れません。倉庫には、出荷を待っている製品や次期以降に使用される原材料や半製品が存在し、製造ラインには仕掛品が残っているのです。つまり、これらの棚卸資産も仮の姿をまとったカネの塊《かたまり》なのです。棚卸資産は流動資産の中では売上債権に次いで大きな金額です。明らかに見えるコストです。

そして、棚卸資産を管理するためには、社員の人件費、倉庫や配送センターの維持費、車両運搬費、減価償却費、保険料、水道光熱費などが発生します。これらもかなりの額です。見えるコストです。

さらに、後述するように在庫（倉庫に保管されている棚卸資産のこと）と利益と税金は連動しているので、在庫に見合う分の利益が発生し税金も納めなければならないのです。これは、見えないコストです。

倉庫に溢《あふ》れるばかりの商品や製品があれば、顧客の注文にいつでも応えることができます。会社の方針である「短納期」も達成できます。このことが会社の付加価値を高めていることは、一面では事実です。

しかし、同時に過大在庫をもたらしているのです。実力以上の在庫を抱えているのです。そして、第1章で検討したように、その分資金が寝てしまっているのです。加えて、長期間の山積みで動かない商品や製品は、変質したり流行遅れなどによって、販売がますます難しくなります。〝デッドストック（dead stock）〟となるのです。まさに、「死蔵品」です。「在庫一掃セール」や〝50％～70％オフ〟、なかには「閉店セール」の赤い広告をたびたび見かけます。在庫を現金に代えようとしているのです。

2 〝プロ〟のいう在庫管理とは？

「製品在庫は数日分しかない」という危機感があるくらいがよいといわれます。過大在庫は避けなければなりません。逆に、過少在庫も品切れが起こりやすく、せっかくのビジネスチャンスを逃してしまいます。

図表３－１　商品の回転期間の算式と具体例

$$\text{商品の回転期間} = \frac{\text{商　品}}{\text{1日当たり売上高（売上高}\ \div\ \text{365日）}}$$

売上高1,000億円の会社の商品在庫が100億円とすると，その商品の回転日数は約37日です。

$$\text{商品の回転期間} = \frac{\text{100億円}}{\text{2億7,000万円（1,000億円}\ \div\ \text{365日）}} = \text{37日}$$

商品が現金化されるまで37日を要しているということです。

ですから、適正在庫が常に課題となるのです。適正在庫とは、いうまでもなく、売上げに見合った在庫のことです。

では、どのくらいの在庫が適正なのでしょうか？

そこで、よく利用されるのが、「棚卸資産回転期間」です。棚卸資産が現金化されるまでの期間（日数）のことです。

例えば、商品の回転期間の算式と具体例は図表３－１のようになります。

自社の実績と業界の平均値を比較することは大切です。しかし、回転期間は、会社の規模や扱い商品などによって異なります。**ですから、自社の棚卸資産の種類別、事業部門別、工場別などの在庫について数期間の状況を分析し、マーケティング課長や購買課長、製造課長などと調整しながら適正在庫を決めることが重要です。**関係する課長はすでにご苦労されていることでしょう。

経理のベテラン金児　昭氏は、次のように主張します(1)。

「『一般の会社と比較してあるいは業界と比較して、当社は何日分だからまあまあである』という在庫管理は経営の大ワクを考える時は必要ですが、それは、例えば月1回、1時点の検討であり、毎月この検討をしても年に12日（回）の在庫高の検討でしかありません。年に12日でもやらないよりずっとよいのですが、これで満足せず在庫の受払検討は毎日行うことが望まれます。ちょうど、資金運用の受取利息・支払利息管理を毎日行うのと同様に考えればよいでしょう。毎日管理してみると、いわゆる在庫日数（特に会社外部から行うもので期の末日の在庫金額と売上原価などを使用）を計算することが、いかに意味が小さいか分かります。留意すべきは、毎日の売上の管理、毎日の製造の管理を継続し、毎日の在庫の内容を、毎日の製品勘定残高で見つめることです。」

購買課長、製造課長、倉庫課長！　プロのいう「在庫管理」とは、こういうことなのです。

3　在庫と利益と税金は連動しているのです

会社の通常の販売においては、商品や製品を売り上げるたびにその売価と原価の差額である売上総利益（粗利《あらり》）を算出することはしません。

図表3－2　売上原価の算式

〔商業の場合〕
　売上原価＝商品期首棚卸高＋当期商品仕入高－商品期末棚卸高
〔製造業の場合〕
　売上原価＝製品期首棚卸高＋当期製品製造原価－製品期末棚卸高

1事業年度における売上総利益は、「売上総利益＝（1事業年度の）売上高－（1事業年度の）売上原価」（算式(A)）により計算します。

そして、「売上原価」は、**図表3－2**により算出するのです。

売上原価のポイントは、商業の場合は商品期末棚卸高にあります。製造業の場合は製品期末棚卸高です。商品（製品）期末棚卸高が多いということは、売上原価が少なくなるということです。したがって、算式(A)が示すように、売上総利益は大きくなります。

売上総利益が大きくなると、販売費や一般管理費などが一定ならば、当期純利益は大きくなります。つまり、商品（製品）期末棚卸高が多いということ、在庫が多いということは、当期純利益の増加要因なのです。結果として、多くの税金を納めなければなりません。

図表3－3で確認してください。ハコの左側合計と右側合計は一致します。

課長！　在庫増は利益増と税金増をもたらしているのです。在庫と利益と税金は連動しているのです。在庫増により余分の税金を納めなければなりません。が、多くの課長はこの事実にほとんど気付いていないのです。

そして、繰り返し強調します。在庫増は資金的にはマイナスなのです。資金が寝てしまっているのです。

4 税務署は疾《と》うにお見通し！

上場会社の経営者は、最大利益を追求します。それが、彼の使命だからです。ですから、利益の「過大表示」を指向しがちです。そのため、後に説明する棚卸資産の評価損のように商品（製品）期末棚卸高を減らすことを嫌います。利益が大きくなればそれだけ税金を納めなければなりませんが、それは社会還元という意味で、それほど問題にしません。自分の懐も痛まないので……。

一方、中小企業の経営者はオーナーです。自分が育てた会社です。正直、税金をあまり納めたくない

図表3－3　在庫と利益と税金の関係

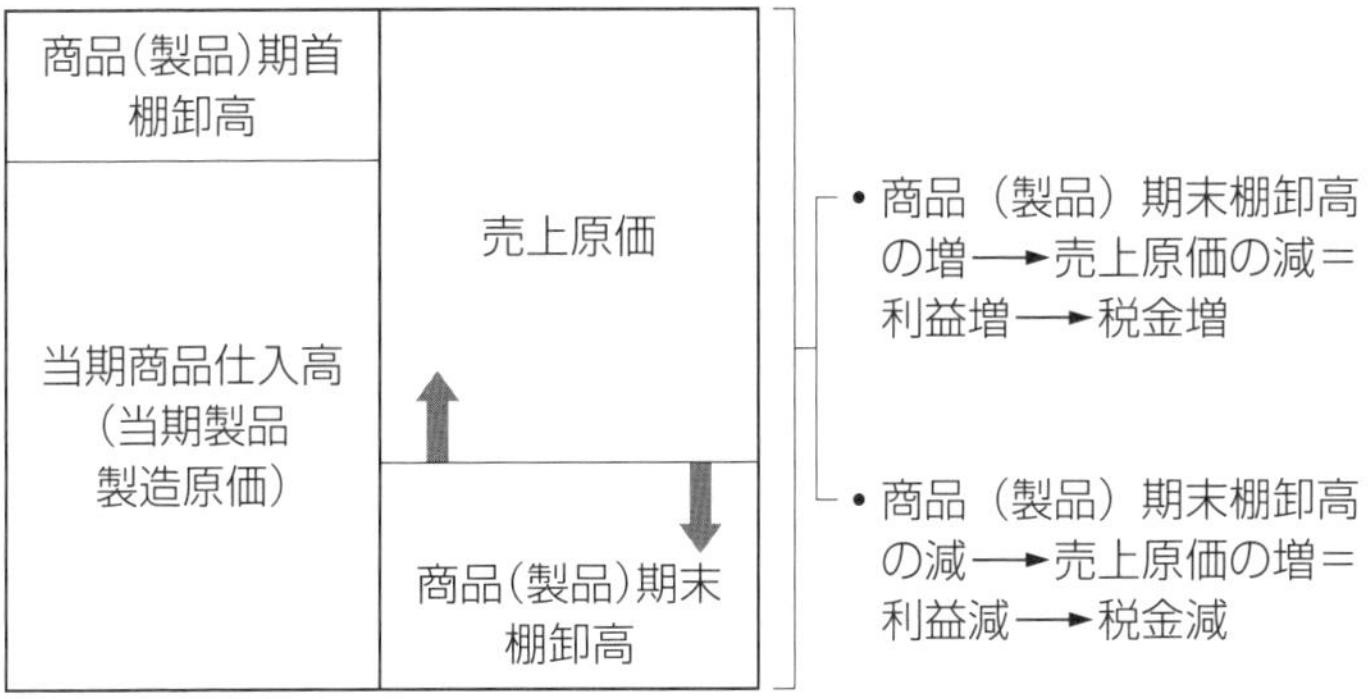

のです。ですから、利益の「過少表示」を熱望し、場合によってはそれを実行します。在庫をどこかに隠してでも期末棚卸高を減らすことによって、利益を過少に表示します。税務署の調査の際には、商品や製品を大型トラックに載せ、街中を走らせていることもあります。しかし、これは「脱税」で、明らかに犯罪です。

棚卸資産を隠すと、帳簿上の期末棚卸高は少なくなり、売上原価が大きくなるので、売上総利益は少なくなります。ところが、売上高総利益率（売上総利益÷売上高）は、業種や規模、扱い商品ごとに大体一定しているのです。ですから、異常な売上高総利益率については、税務署は容易に気付くのです。税務署は疾《と》うにお見通しなのです。

5 棚卸資産の減耗損——なぜ恒常的に発生するのか？

決算日における商品や製品などの帳簿上の数量が実際の数量を上回っている場合（帳簿上の数量>実際の数量）、その差異を「棚卸減耗」といいます。商品や製品の盗難や紛失、（化学薬品の）蒸発などによって起きるのです。また、工場にある部品のように出し入れが激しいものは棚卸減耗が生じやすいのです。

そして、毎期反復的に正常な数量で発生する棚卸減耗は、棚卸減耗損（減耗数量×取得原価）として、期末の帳簿残高を切り捨てること（実際の棚卸有高に合致させること）によって、通常は売上原価に含めます。図表３－２の売上原価の算式から帳簿残高を切り捨てると自動的にそうなります。

考えてみよう

ある会社で部品の減耗損が目立ちました。３０００万円ほどでした。質問したら、担当課長が「部品在庫は平均約30億円で、３０００万円は１％だから問題ありません。毎期この程度です」と答えました。

「１％だからいい」という判断は、どこから出てくるのでしょうか？　毎年発生する３０００万円の減耗損をどう考えているのでしょうか？

この会社は、売上高６００億円、営業利益24億円、売上高営業利益率４％（営業利益24億円÷売上高600億円）です。

すると、部品の減耗損３０００万円は、売上高７億５０００万円（3,000万円÷売上高＝４％）に相当するのです。会社の営業日を年２４０日とすると３日分の売上高なのです。儲けの観点からは、３日も休日にしたことと同じなのです。ものすごく重要なのです。

なぜ棚卸減耗損３０００万円が恒常的に発生しているのか ― 現行の棚卸資産管理などに問題があるはずです。そして、棚卸減耗損は通常は売上原価に算入されるので隠れてしまいます。見えないコストです。「原価に算入されるからいいだろう」という甘い考えもあるのです。もっと追及しようとしたら、経理部長が「私が責任をもって処理しています」と担当課長を助けました。「慣れ」というのは怖いことです。

6 棚卸資産の評価損と廃棄損――まず、その原因を究明せよ！

品質の低下した、あるいは陳腐化した商品や製品の時価は下落しています。旧型製品用の原材料やラインから外された仕掛品の価値はほとんどありません。その価額を時価まで切り下げなければなりません。

問題は評価です。時価の決定は難しいのです。しかも、棚卸資産の評価損はかなり膨大な金額に上るおそれがあり、利益に与える影響も大きく、税務署も厳しく対処します。

しかし、会社の実態を明らかにするためにも、厳格な手続が行われなければなりません。きちんとした会社では、〝マニュアル〟に基づいて、評価委員会を設置し、評価基準（例えば、1年間動きのなかった製品については帳簿価額を70％に、2年間動きがなければ半額に、というような基準）に従って金額を決め、評価損を計上しています。実態に見合った処理ならば、税務署もOKです。

棚卸資産の評価やその処分は、マニュアルに従って行えば一件落着です。

でも、腑《ふ》に落ちないのです。多くの従業員が「不良品などは規定に従って処理したから問題ない」と軽く考えていること、がです。

考えてみよう

売上高1500億円、当期純利益90億円、売上高純利益率6%の会社です。「良好な業績」を背景に、製品評価損3億円、部品を含む原材料廃棄損2億円、計5億円を計上しました。問題は5億円の損失です。これを、売上高に換算すると、なんと約84億円(5億円÷売上高=6%)にも相当するのです。会社の営業日を年240日とすると約14日分の売上高なのです。

売上げのノルマを達成するために営業マンは昼夜を問わず走り回っています。得意先に頭を下げっぱなしです。課長も部長から怒鳴られっぱなしです。それを、マニュアルに従ったとはいえ、いとも簡単に5億円の損失を計上するのです。その時、多くの場合、営業マンはカヤの外です。

そもそも、評価損や廃棄損が発生した原因はどこにあるのでしょうか?

マーケティングに失敗し製品を造りすぎたとか、新製品の開発が大幅に遅れ生産計画が狂い旧型製品が残ったとか、販売課長と製造課長がギクシャクした関係で商品を買い込み過ぎたとか、まとめて買うと安くなるというので不必要な原材料まで買い込んだとか、接待のお礼に応えたとか、いろいろな原因が考えられます。

課長！　原因を明らかにして、その対策を立てるべきです。

そのうえでの評価損や廃棄損の計上なのです。

そして、繰り返し主張します。クレーム費用（22頁）、出荷ミスでの検収の遅れによる見えない損失（23頁）、受取手形のサイトの延長に係る損失（25頁）、売上債権の貸倒損失（27頁）、棚卸資産の減耗損、棚卸資産の評価損などを、売上高に換算してください。

課長！　損益計算書を下から読むのです。

ポイント

場合によっては、課長も棚卸資産の実地調査（**実地棚卸**といいます）を行う際に検査主任となることがあるでしょう。さて、課長の心構えやいかん！

実地棚卸は、在庫となっている商品や製品、半製品や仕掛品、そして部品などの「数」を数えることです。しかし、大切なことは、単に在庫数量を把握するだけではなく、商品や製品の「質」をチェックし、質の低下した、あるいは陳腐化した棚卸資産の数もつかむことです。

倉庫の片隅に置かれ埃《ほこり》を被っている古いタイプの製品はありませんか？　軽鉄骨ではなく木製の梱包で長期間出荷を待っている製品はありませんか？　もはや使用されることはない原材料やラインから外された仕掛品は残っていませんか？　それらの実態を関係部署に連絡し、その後の関係会議で議論し、最終的には適正に会計処理されているかを確認してください。

さらに、実地棚卸に当たっては5S（整理・整頓・清掃・清潔・躾）の状況も観察してください。倉庫の段ボールが破れ資材がはみ出していませんか？　工場の手洗い場が汚れていませんか？　花壇と称する空き地にぺんぺん草が生え朽ちた枠が散らばっていませんか？　5Sのスローガンが壁に飾ってあるだけではありませんか？

課長！　5Sは現場力を高める最大の要因なのです。

〔注〕（1）金児　昭『会社経理入門』日本経済新聞社、1992年、255頁。

声をかけます。明るい人たちです。消しゴム１つ買うのですから，そんなに歓迎してもらわなくていいんです。150円をそっと払って，帰りたいんです。

ソニーの創業者の一人盛田昭夫氏は，部下が楽しく働くための組織の基本条件として，「課長はネアカでなければならない」と言ったそうです（勝田忠生『課長のビジネスマナー術』日本能率協会マネジメントセンター，2011年，35頁）。

でも，課長全員がネアカな会社もネ……。課長全員が「いらっしゃいませ！　こんにちは」と言ったら……。

そもそも，「明るい」とか「暗い」とか，そんなことで人は評価できないのです。

「追記」

大学で就職部長の頃，挨拶に来られた“イエローハット”の幹部に，「お宅の長崎チャンポン，おいしいですね」と言って失敗しました。イエローハットはタイヤの販売会社でした。

コラム①　ネアカな課長

部下が「うちの課長，暗いよナ」と言います。

確かに，課長が暗い表情でいると課全体がどんよりしてしまいます。課長の表情が職場の士気を左右するのです。

ANA が「地域限定」で，キャンペーンをしていました。大阪～熊本間の搭乗券2枚で長崎チャンポンが無料だというのです。それに，なんと餃子6個も付いてくるのです。近くの“リンガーハット”に出かけます。

タダなので，多少遠慮がちになります。入り口で，「これ使えますか」と小声で聞きます。「どうぞ」といわれ，安心します。

若い女子店員が注文を取りにきます。「これいいですか」と，周りに気付かれないように再確認し，メニューの「ANA 特別セット」をそっと指で差します。

すると，こうです。「では確認させていただきます。ANA 特別セットお一人様。ご注文は以上でよろしかったでしょうか。」

明るい店員です。でも，もう少し小さな声でお願いしたいのです。

「いらっしゃいませ！　こんにちは」。大声で店の従業員全員が

第4章

「いくら儲けたか」より「どうやって儲けたか」

「はじめに」で指摘したように、社員の毎日の仕事は財務諸表に現れます。どんな会社であっても、一人ひとりの行動が貸借対照表や損益計算書に凝縮されているのです。課長！　財務諸表を読み取る力を付け、部下を指導しましょう。

マスコミは、会社を「勝ち組」と「負け組」に分けます。勝ち組は「増収増益」です。負け組は「減収減益」です。その間に「増収減益」と「減収増益」があります。会社の業績は、この4組のいずれかに現れます。いずれも、前期と比較した用語です。

もちろん、「収」は損益計算書の〝トップライン〟である売上高、「益」は損益計算書の〝ボトムライン〟である当期純利益です。

損益計算書から説明します。貸借対照表よりとっつきやすいからです。

1 儲けを計算することとは？

会社は、その経済活動を永久に続けることを「前提」にしています（現実には合併や破産手続の開始などにより解散することはあります）。そこで、会社は、期間を区切って損益を計算するのです。その期間は、通常は1年です。

では、1年間にどれだけ儲けたのか損したのかを確実に計算するには、どうしたらよいでしょうか。

それは、現金で捉えることです。1年間のすべての現金収入（入金）とすべての現金支出（出金）を、それぞれ収益と費用とし、その収益と費用を比較することによって、その残高を1年間の純損益とする方法です。つまり、「収益＝現金収入」、「費用＝現金支出」なので、「現金収入－現金支出＝現金残高」が「純損益」です（ただし、銀行からの借入れは現金収入、資産の購入は現金支出ですが、これらは収益や費用ではありません。損益の発生には関係ないからです）。これを、会計では「現金主義」といいます。

例えば、会社が当期に現金500万円で仕入れた商品を、販売費など現金200万円を支出し、現金1000万円で販売したとします。すると、当期純利益は300万円（1,000万円－

700万円）です。現金も３００万円入手することができます。「利益＝現金」です。

このケースにおいて商品を１０００万円で掛売りしたとします。売掛金という債権が発生します。売掛金の回収はゼロとします。商品は販売されましたがお金が入ってこないのです。すると当期には現金収入がないので、収益を計上することができません。当期の収益は０です。一方、商品の仕入代金５００万円と販売費など２００万円は現金支出されたので費用に計上されます。したがって、当期は純損失７００万円です（収益０円－費用700万円）。

両者の差異は、現金取引と掛取引にあるのです。現在では掛取引が一般的ですから、現金主義は適切な損益計算方法ではないのです。

そこで、すべての会社が会計処理・報告を行うに当たって従わなければならない「企業会計基準」（正式には「一般に公正妥当と認められる企業会計の基準」といいます）は、収益については商品や製品、サービスを販売したときに実現したとするのです。このような考え方を会計では**実現主義**といいます。現金が入ってこなくとも、販売という取引の成立によって、モノやサービスが外部の相手方に提供され、その見返りとして売掛金などの資産を取得したからです。

そして、費用については収益を獲得するためにモノやサービスの価値が消費されたときに発生したとするのです。現金が支出されたかどうかは問わないのです。このような考え方を発生主義といいます。したがって、例えば、従業員の労働力というサービスが製品を製造するために消費されたという事実により労務費が発生します。未払いの給料もすでに労働力が消費されているので費用です。建物や機械などが収益を獲得するために使用され、その価値が消費されたという事実により、現金の支出はないけれども、減価償却費を計上しなければならないのです。

このような企業会計基準に基づいて算定された当期純利益に対して、法人税などの税金計算も行われるのです。

2 「いくら儲けたか」

課長！　損益計算書の基本フォーム（図表4－1）を必ず覚えてください。

これが頭に入っていれば、諸会議での議論にも積極的に参加できるのです。経済の動きを読むこともできるのです。

損益計算書の基本フォームによって、A社とB社を比較してみましょう。

図表4－1　損益計算書の基本フォーム

損益計算書

自20X1年4月1日　至20X2年3月31日

		A社	B社
Ⅰ	売上高	1,000(億円)	1,000(億円)
Ⅱ	売上原価	800	700
	売上総利益	200	300
Ⅲ	販売費及び一般管理費	250	250
	営業利益	△ 50	50
Ⅳ	営業外収益	30	40
Ⅴ	営業外費用	30	20
	経常利益	△ 50	70
Ⅵ	特別利益	150	30
Ⅶ	特別損失	20	60
	税引前当期純利益	80	40
	法人税、住民税及び事業税	40	20
	当期純利益	40	20

売上高は、会社の目的である商品・製品の販売や通信・情報などのサービスの提供による総売上高から値《ね》引《びき》や戻りの額を差し引いた純売上高のことです。Ａ社、Ｂ社とも１０００億円です。

売上原価は販売された商品や製品の原価です。Ａ社８００億円、Ｂ社７００億円です（売上原価の計算については36頁で学びました）。

販売費及び一般管理費は、販売活動と管理業務に関連して発生した費用です。これには、給料、手当、賞与、販売促進費、荷造・運送費、広告宣伝費、交際費、旅費交通費、通信費、福利厚生費、減価償却費、貸倒引当金繰入額などがあります。A社、B社とも250億円です。

営業外損益とは、本来の営業活動以外の活動から生じる損益です。つまり、資金の借入れと貸付け、社債の発行、時価の変動により利益を得ることを目的とする有価証券（「売買目的有価証券」といいます）の売買などのような資金の調達と運用に関連する活動（これを**財務活動**といいます）に係る収益と費用のことです。営業外収益と営業外費用に区分して表示します。

営業外収益には、受取利息、受取配当金、有価証券売却益、有価証券評価益、仕入割引、為替差益などがあります。A社30億円、B社40億円です。

営業外費用には、支払利息、社債利息、有価証券売却損、有価証券評価損、売上割引、為替差損などがあります。A社30億円、B社20億円です。

ここまでが、毎期、経常的に発生する損益です。

次の特別損益は、臨時的・偶発的に発生した損益です。会社が継続して存在するためには特別損益も当該期間の損益として扱わなければなりません。**特別利益**と**特別損失**に区分して表示します。

① 土地の売却益などは最後の1回だけに生じる事象なので特別利益です。

② 長期的な取引関係を維持するために保有していた他社の株式（「投資有価証券」といい

ます）を処分した場合の売却益は臨時的に発生した特別利益です。

③　業績が著しく悪化した子会社の株式の評価損は特別損失です。

④　固定資産への投資額の回収が見込めない場合の減損損失やリストラに伴う早期退職金は特別損失です（61頁で説明します）。

⑤　火災や風水害などによる損失は臨時的に発生した特別損失です。

特別利益はＡ社１５０億円、Ｂ社30億円です。Ａ社の１５０億円は異常です。特別損失はＡ社20億円、Ｂ社60億円です。Ｂ社の60億円も尋常《じんじょう》ではありません。

税引前当期純利益はＡ社80億円、Ｂ社40億円です。

そして、法人税・住民税・事業税を控除すると、当期純損益が算出されます。つまり、「儲け」か「損」かです。Ａ社40億円、Ｂ社20億円、ともに当期純利益です。

会社は当期純利益の確保を目指し、しかもそれを最大化するために活動しているのです。ですから、「いくら儲けたか」は重要です。Ａ社40億円、Ｂ社20億円です。売上高はＡ社、Ｂ社とも１０００億円で同額ですが、Ａ社がＢ社の２倍に当たる40億円を計上したのです。「いくら儲けたか」という観点からは、Ａ社に軍配が上がります。

3 「どうやって儲けたか」

「いくら儲けたか」は確かに重要です。

しかし、より重要なことは、「どうやって儲けたか」です。

(1) 5つの段階別損益

もう一度、図表4－1をご覧ください。

損益計算書には、会社の活動の内容に応じて5つの「段階別損益」が表示されています。上から売上総利益（赤字の場合は売上総損失）、営業利益（または営業損失）、経常利益（または経常損失）、税引前当期純利益（または税引前当期純損失）、そして当期純利益（または当期純損失）です。

売上総利益とは、売上高から売上原価を差し引いて求められるものです（36頁）。会社にとっては、最も基本的な利益です。基本的とは、これが赤字では「商売にならない」からです。

「粗利《あらり》」とも呼ばれています。A社200億円、B社300億円、両社の差は100億円です。

したがって、売上高総利益率（売上総利益÷売上高）は、A社20％、B社30％です。売上高総利益率が高いということは売上原価率（売上原価÷売上高）が低いということです（A社80％、B社70％）。それは、B社の企画力、製品開発力、原材料の購買力、製造技術力、生産効率などが優れていることを示しています。なぜなら、売上原価にそれらのすべての力が集約されるからです。だからこそ、売上原価の低減はまさに全社的課題なのです。この点、B社がA社を圧倒的にリードしているのです。

売上総利益から販売費及び一般管理費を差し引いた残高が**営業利益**です。営業利益は、会社の本来の営業活動による業績を示します。製造業において優良企業と評価される基準は、売上高営業利益率（営業利益÷売上高）10％です。A社は営業損失です。この段階で50億円の赤字です。B社は営業利益50億円、営業利益率は5％（50億円÷1,000億円）です。

経常利益は、営業利益に営業外収益と営業外費用を加減して算出されます。実務では〝ケイツネ〟とも呼ばれています。経常利益は本来の営業活動による利益と常時行われている財務活動に係る利益を足したもので、会社全体の経常的な活動の成果を示すのです。会社の収益性を測る指標として、経営者も投資者も重視します。

A社は経常損失50億円です。B社は経常利益70億円です。営業利益よりさらに20億円増えています。営業外収益（40億円）が営業外費用（20億円）を20億円上回ったからです。

第4番目の**税引前当期純利益**は、経常的な活動から得られた経常利益に特別に発生した損益を加減した結果の利益です。他の4つの損益に比べると、それほど注目されてはいません。A社の税引前当期純利益は80億円です。この段階で大きく黒字転換しました。**図表4－1**で見るように、特別利益を150億円も計上したからです。ただし、特別利益の内容はわかりません。一方、B社は特別損失を60億円も発生させていますが、その要因は不明です。

当期純利益は、税引前当期純利益から納付すべき「法人税、住民税及び事業税」を控除した後の利益のことです。**「利益」という場合、通常、この当期純利益を指します。**

このように、A社の当期純利益40億円は特別利益150億円によってもたらされたのです。したがって、経常的な経営活動の成果としては、B社（営業利益50億円、経常利益70億円）の方がA社（営業損失50億円、経常損失50億円）よりも高く評価されるのです。

(2) ケース・スタディ

売上総利益は計上できたが、販売費や一般管理費をカバーできず、営業損失となるケースは往々にしてあります。A社もそうです。本業が伸び悩んでいるのです。

次頁の図表4－2は日立製作所（単体）の業績です。過去18年間のうち、なんと8事業年度において営業損失です（2016年3月期の営業利益3億円は実質的には損失でしょう）。8期黒字が連続している最近においても、2015年3月期から2017年3月期までの3期間は営業損失です。

そして、過去18年間の日立の売上高累計は43兆7137億円ですが、営業利益累計はわずかに386億円、売上高営業利益率は0・088％（386億円÷43兆7,137億円）という惨《みじ》めな数値です。なお、直近8期間の売上高営業利益率は0・90％（営業利益累計1,372億円÷売上高類累計15兆1,227億円）ですが、これも低い数値です。

そして、106頁の図表7－1で見るように、パナソニック（単体）は過去18年間において営業損失を二度経験しています。

営業損失の場合でも、例えば他社からの配当金や預金利息、為替差益などの営業外収益が、

図表4－2　日立の業績

（単位：億円）

決算期	売上高	営業利益	経常利益	特別利益	特別損失	当期純利益
2001.3	40,158	985	560	348	326	401
2002.3	35,222	△847	△816	107	3,188	△2,526
2003.3	31,124	537	520	921	631	282
2004.3	24,888	75	201	688	101	401
2005.3	25,974	△56	222	631	661	103
2006.3	27,133	10	426	574	631	370
2007.3	27,851	△662	△372	568	1,765	△1,780
2008.3	28,072	△741	△459	841	1,185	△1,278
2009.3	26,100	△322	2,047	57	3,852	△2,945
2010.3	19,388	35	592	136	1,061	△351
2011.3	17,953	331	1,275	109	956	642
2012.3	18,704	178	489	2,801	699	2,545
2013.3	19,115	347	760	72	396	576
2014.3	20,071	60	178	1,150	915	578
2015.3	18,421	△39	△3	691	316	852
2016.3	18,596	3	△209	326	205	649
2017.3	19,065	△98	715	2,629	2,035	977
2018.3	19,302	590	1,312	298	246	1,361

銀行借入金に係る支払利息や為替差損などの営業外費用を大幅に上回り、その差額が営業損失を上回る時は経常利益となります。

日立の場合には、営業損失8事業年度のうち3事業年度は経常利益です。そして、過去18年間の経常利益累計は7438億円です。

先に指摘した営業利益累計は386億円なので、営業外収益が営業外費用を7052億円上回ったのです。

図表4－3　トヨタ自動車の営業外損益

（単位：億円）

	2012年3月期	2013年3月期	2014年3月期	2015年3月期	2016年3月期	2017年3月期	2018年3月期
営業外収益	6,029	6,621	7,498	9,166	9,666	10,065	10,194
営業外費用	1,399	481	1,804	622	846	420	388
単体純額	4,630	6,140	5,694	8,544	8,820	9,645	9,806

また、パナソニックは過去18年間のうち15年間において経常利益が営業利益をオーバーしています。特に最近4年間は営業外収益が営業外費用を、それぞれ1072億円、1419億円、2017億円、1248億円も超過しています（図表7－4、109頁）。おそらく子会社などの業績が好調で受取配当金が貢献しているのでしょう。

図表4－3は、トヨタ自動車の最近7年間の営業外収益と営業外費用です。2018年3月期は、営業外収益が営業外費用を9806億円も上回っています。「トヨタ銀行」といわれる所以《ゆえん》です。

特別損益の発生は52頁で指摘したように異常事態に起因しています。ですから、課長！　自社の特別損益項目はもちろん、仕入先や得意先のそれらについても、その内容や状況を十分に読み取ることが大切です。ただし、株主総会に提出される損益計算書には特別損益項目はほとんど明示されていません。上場会社などが公表する「有価証券報告書」（後述）に含まれる損益計算書には開示されています。

例えば、特別利益に固定資産売却益や投資有価証券売却益が計上されているならば、なぜ今、固定資産を売らなければならないのか、なぜ長期間保有していた株式を売らなければならないのか、というような疑問が生じます。もしかしたら、会社は資金繰りに困っているのかもしれません。あるいは、将来のリストラに備えて資金を準備しているのかもしれません。一般には、経常損失の会社や目標の経常利益を達成できなかった会社が、一定の当期純利益を確保するために**含み益**（時価と取得原価との差益）のある土地や株式を売却して特別利益を計上するケースが多いのです。**図表4－1**のA社もそうでしょう。

そして、B社の特別損失60億円も注目するところです。もしかすると、業績が悪化しつつある子会社を早めに整理しているのかもしれません。

なお、パナソニックの特別損益については、第7章以降の「パナソニック物語」において詳細に分析します。

有価証券報告書とは、上場会社などが毎決算期経過後3カ月以内に内閣総理大臣に提出する書類で、経理の状況を中心に事業や株式の状況などについて記載したものです。会社内容の開示に関しては、現在公表されている報告書の中で最高のレベルにあります。"edinet"で24時間いつでも検索できます。本書でも以降何度も登場します。

4 「減損損失」と「リストラ費用」に要注意!

課長に是非とも知ってほしい特別損失項目に「減損損失」があります。

建物や生産設備などの有形固定資産とのれんやソフトウェアなどの無形固定資産の収益性が大幅に低下したとき、つまり固定資産への投資額の回収が見込めなくなった状態を「減損」といいます。そのような状況が生じた場合には、損失を将来に繰り延べないために、当該固定資産の帳簿価額を切り下げることによって損益計算書に**減損損失**を計上し、貸借対照表には回収可能価額に見合った金額を表示するという「減損会計」が、上場会社と会社法上の**大会社**(資本金5億円以上または負債総額200億円以上の株式会社のこと)に対して、2005(平成17)年4月1日以降強制適用されています。

会社の事業が概ね2期間において営業損失の状況または営業活動によるキャッシュ・フロー(90頁)が継続してマイナスになっている場合や経営環境が著しく悪化している場合などにおいて、その事業に係る資産の生み出す将来キャッシュ・フロー(純現金収入)の総額が帳簿価額を下回るときには、その差額分を減損損失として計上しなければなりません。

ところが、そのような状況に直面している会社においては、ややもすると、経営者をはじめ

図表4－4　減損損失と事業構造改革特別損失

（単位：百万円）

	2009.3	2010.3	2011.3	2012.3	2013.3
減損損失	11,602	16,464	—	74,559	15,050
事業構造改革特別損失	7,010	7,640	2,191	46,047	15,465
合　計	18,612	24,104	2,191	120,606	30,515

	2014.3	2015.3	2016.3	2017.3	2018.3
減損損失	48,361	4,372	2、657	3,490	1,152
事業構造改革特別損失	34,182	6,763	1,718	—	—
合　計	82,543	11,135	4,375	3,490	1,152

部長も課長も減損会計にはかかわりたくないという気持ちが強いのです。しかし、監査法人はこれを監査の「目玉」にします。ですから、経理課長や財務課長はもちろんのこと、関係する課長も否応なしにこの問題に関心を持たざるを得ないのです。

図表4－4をご覧ください。

パナソニックが損益計算書に計上した「減損損失」とこれに密接に関係する「事業構造改革特別損失」です（133頁の**図表8－1**を参照してください）。

このように、パナソニックは、減損損失を、2009年3月期以降直近の2018年3月期までの10年間のうち9期間において計上し、その合計額は約1800億円です。テレビ、半導体、携帯電話、回路基板、電池、デジタルカメラなどの事業の収益性が悪化したため、生産設備や特許権などの帳簿価額を回収可能価額まで減額したのです。

そして、事業構造改革特別損失も、2009年3月期以降、2016年3月期まで8期連続して発生していました。その合計額は1200億円強です。その内容は、主にリストラに伴う早期退職一時金と拠点統廃合費用です（113頁）。減損損失を計上した事業からの撤退や事業の縮小によるものです。結果として、両項目について約3000億円にも上る損失が発生したのです。

ポイント

会社は、目標とする営業利益の達成を第一に、営業外費用を営業外収益の範囲内にとどめ、できれば営業外収益が上回ることを追求し、目指す経常利益を確実に確保し、そして、特別損失と特別利益の計上をできるだけ抑えることによって、狙いの当期純利益を達成しようとしているのです。当然のことですが、損益計算書のアタマにくる売上高の拡大が最大のポイントです。

第5章

貸借対照表は「会社の歴史」を示しているのです

貸借対照表、と聞くだけで抵抗を感じる課長や嫌悪感すら持たれる課長もいらっしゃることでしょう。が、長い間使われている言葉ですから、そのまま受け入れましょう。

次頁の図表5－1をご覧ください。

① 貸借対照表を上から眺めると、そこに映るのは、流動資産と流動負債の関係です。会社の支払能力に注目します。

② 貸借対照表を下から眺めると、そこに映るのは、左側の合計欄と右側の合計欄の金額が一致していることです。会社の規模に注目します。

③ 貸借対照表を右から眺めると、そこに映るのは、純資産と総資本の関係です。会社の自己資本比率に注目します。

1 貸借対照表の仕組み

140頁の図表9－1は、2018（平成30）年6月28日に大阪城ホールで開かれたパナソニックの第111回定時株主総会に提出された同年3月31日現在の貸借対照表です（連結貸借対照表ではありません）。

この貸借対照表を要約すると図表5－2のようになります。

まず、貸借対照表というタイトルの下の日付に注意してください。2018年3月31日夜中のちょうど12時現在ということです。

図表5－1　貸借対照表の見方

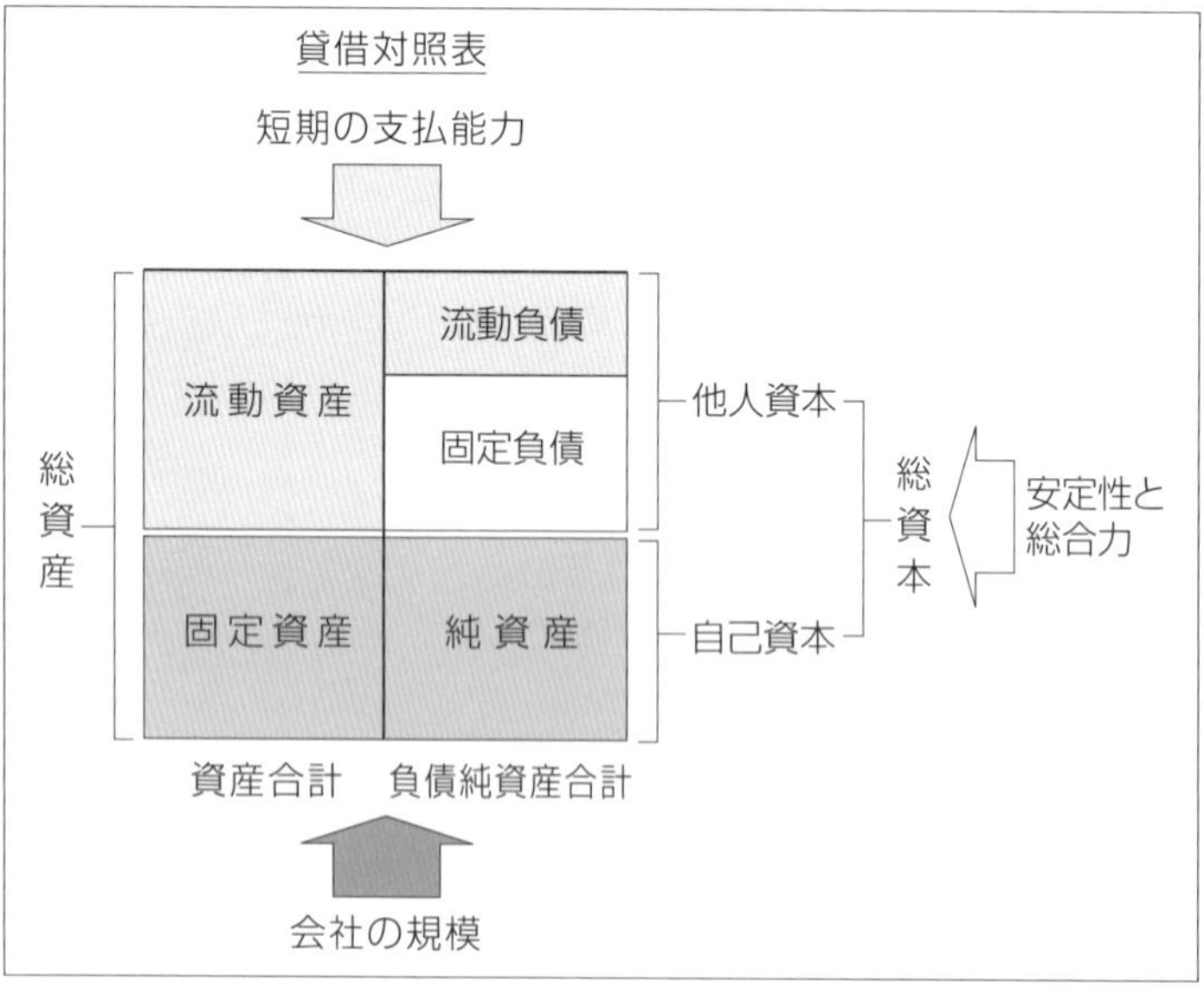

図表5－2 パナソニックの要約貸借対照表

貸借対照表
2018年3月31日
(単位：億円)

資産の部		負債の部	
流動資産	10,191	流動負債	21,449
固定資産	34,085	固定負債	9,029
		純資産の部	13,797
資産合計	44,276	負債純資産合計	44,276

貸借対照表の左側に資産が、右側に負債と純資産が表示されています。長い間の慣行です。資産とは、利益を生み出す能力を持つもののことです。パナソニックの資産は4兆4276億円です。負債とは、将来において企業資産の減少をもたらすもののことです。同社の負債は3兆4478億円（流動負債2兆1449億円＋固定負債9029億円）です。資産も負債も、貨幣額によって合理的に測定できるものでなければなりません。純資産とは、資本金や会社が生み出した利益の内部留保額のことです。同社の純資産は1兆3797億円です。

そして、資産、負債、純資産の三者の状態を**財政状態**といいます。したがって、この貸借対照表は、パナソニックの2018年3月31日現在の財政状態を示しています。つまり、資産のうち流動資産が1兆191億円、固定資産が3兆4085億円、負債のうち流動負債が2兆1449億円、固定負債が9029億円、そして純資産が1兆3797億円ということです。

2 左側の合計欄と右側の合計欄の金額は一致。なぜ？

本章冒頭の②から説明します。

図表5－2の貸借対照表を下から眺めると、左側の合計欄と右側の合計欄の金額が一致していることがわかります。なぜ一致しているのでしょうか？

実は、右側の負債と純資産は、パナソニックがどこからどのくらいの資金を「調達」したのかを示しているのです。

負債には借入金や買掛金などがあります。借入金が銀行などからの資金の調達であることはすぐわかります。買掛金は仕入先からの資金の調達なのです。商品を仕入れ、すでに資産として保有しているのに、まだ現金での支払いが済んでいないのですから、仕入先から借金をして商品を購入したと解するのです。

このように、負債は銀行や仕入先から調達した資金で返済しなければならないので**他人資本**といわれます。

純資産は、株主から調達した資金（資本金など）や会社が経営活動の結果生み出した、いわば自ら調達した資金（当期純利益など）などです。返済する必要はありません。**自己資本**ともいわれます。

他人資本と自己資本は調達先の違いによるもので、会社が活用する資金としてはまったく差異はありません。両者で「総資本」を構成するのです。つまり、パナソニックの調達した資金合計は、2018年3月31日現在4兆4276億円だということです。

そして、**左側の資産は調達した資金がどのように「運用」されているのかを示しているのです。**会社は利益を上げるために調達した資金（現金）を投資します。投資された現金は売掛金、商品・製品、貸付金、製造設備などのいろいろな形に姿を変え、再び現金で回収されます。〝カネ〟が〝モノ〟に変わり、また〝カネ〟として戻ってくるのです（3頁の**図表1－1**をもう一度見てください）。そのプロセスを2018年3月31日の夜中の12時にカメラで瞬間的に撮った状況が貸借対照表の左側に示されているのです。

ですから、右側の負債と純資産の合計金額（総資本）は、左側の資産の合計金額（総資産）と一致するのです。

そして、課長！　この貸借対照表の構造である「左側運用＝右側調達」からして、合計欄は会社の規模を表しているのです。

業績が好調ならばもっと大規模化して儲けようとするでしょう。資金の調達も比較的容易です。調達したその資金を投資するので資産も増えます。図表1－1で見たように、投資した資金がグルグル回転し、円はいっそう大きくなるのです。ですから、会社の規模も拡大するのです。

逆に、業績不振だと、借金を返済するために、場合によっては資産を売却せざるを得ません。したがって、規模は縮小します。

その意味で、貸借対照表の合計欄の年度ごとの推移を見ることも大切です（通常は短期的には大きな変動はありませんが、異常が見られる場合には、その要因を分析しなければなりません）。

158頁の図表10－1をご覧ください。パナソニックと日立の過去18年間の総資産です。両社とも、業績を反映して増えたり減ったりしています。

3 〝名門〟高島屋が倒産!?

図表5－1の貸借対照表を上から眺めると、流動資産と流動負債が映ります。

流動資産とは、流動性の高い（換金性の強い）資産のことです。会社の主要な営業活動の循環過程、すなわち、商品や原材料などの購買活動→製品などの製造活動→商品や製品などの販売活動→売掛金などの現金回収活動→再び購買活動に入る資産は、すべて流動資産です。具体的には、現金、預金、受取手形、売掛金、商品、製品などです。また、決算日の翌日から起算して1年以内に現金化される予定の資産、例えば、売買目的有価証券（52頁）や従業員に対する短期貸付金などは流動資産です。

そして、1年を超えて現金化される予定の資産（例えば、子会社に対する長期貸付金）と現金化することを本来の目的としない資産（例えば、建物、機械装置、土地、特許権など）は、すべて**固定資産**です。

流動負債とは、流動性の高い（支払期限の早い）負債のことです。主要な営業活動の循環過程で生じた負債（例えば、支払手形や買掛金）と1年以内に返済期限がくる負債（例えば、短期借入金）は流動負債です。

そして、1年を超える返済期限の負債（例えば、長期借入金や社債）は**固定負債**です。

ところで、この「流動」と「固定」は、何のために分類するのでしょうか？　こちらの方がより重要です。

その主な目的は、会社の支払能力や換金性を明らかにするためです。典型的には、流動資産と流動負債との比（これを**流動比率**（流動資産÷流動負債）といいます）によって会社の短期的な支払能力を知ることができます。

例えば、流動負債の金額1に対して流動資産の金額が1の場合（流動比率100％）はどうでしょうか。問題はなさそうです。返済の原資となる流動資産が返済すべき流動負債と同じ金額だからです。

しかし、流動資産の中には回収が困難な売掛金もあるでしょう。商品や製品などの資産を現金化するためには販売という期間が必要です。陳腐化し販売できない商品や製品もあるはずです。ですから、流動資産の金額がそのまま現金化される確実性は低いのです。

他方、流動負債は金額が確定しています。しかも、〝待ったなし〟に少なくとも1年以内に債権者に支払わなければなりません。

そこで、あれこれを考慮して、流動資産が流動負債の2倍、つまり、流動比率が200％であれば安全だといわれています。この比率のことを、欧米では〝ツー・ツー・ワン・ルール〟（Two to One Rule）といいます。しかし、200％は高いと思います。150％を目標としてもよさそうです。

では、流動比率が100％以下の会社は1年以内に倒産する危険性が高いのでしょうか？

図表5－3をご覧ください。

図表5－3 大手商社などの流動比率

（単位：百万円）

会社名	流動資産	流動負債	流動比率
高島屋	182,698 (327,501)	322,418 (370,880)	56.6 (%) (88.3 %)
イオン	466,307 (5,474,121)	174,004 (5,447,642)	267.9 (100.4)
三菱商事	2,633,117 (6,778,761)	1,789,613 (4,916,938)	147.1 (137.8)
三井物産	1,849,575 (4,226,156)	1,312,190 (2,698,772)	140.9 (156.6)
伊藤忠商事	1,335,178 (3,923,361)	1,085,408 (2,988,902)	123.0 (131.2)
パナソニック	1,019,157 (3,485,958)	2,144,996 (3,097,935)	47.5 (112.5)
日立製作所	1,555,383 (5,151,800)	1,783,194 (3,795,394)	87.2 (135.7)

（注） 2018年2・3月期，（ ）は連結データです。

高島屋は単体・連結とも100％以下です。パナソニックは単体では47・5％と極めて低率ですが連結では112・5％、日立も単体では87・2％ですが連結では135・7％です。イオンは単体では267・9％と高率ですが連結では100・4％です。関係会社が足を引っ張っているのです。3メガ総合商社は単体・連結とも123％～156・6％の範囲内にありかなり良好です。

このように、流動比率100%以下の大会社も現存しています。流動比率は資金が循環している状況を瞬間的に止めた時の貸借対照表を基礎に算出しているのです。ですから、返済すべき日に資金が準備されていれば大丈夫なのです。とは言え、経理課長や財務課長はご苦労されていることでしょう。

4 2つの重要な指標――自己資本比率と利益剰余金

図表5－1の貸借対照表を右から眺めると、純資産と総資本の関係が注目されます。

純資産のことを自己資本ともいうので、純資産の総資本に占める割合（純資産÷総資本）を**自己資本比率**（Return on Equity）といいます。最近では〝ROE〟と略して頻繁に使用されています。株主の立場から見た収益性の判定指標として「株主資本利益率」ともいわれます。

そして、「純資産＝自己資本」のうち、課長に是非とも知ってほしい項目が「利益剰余金」です。貸借対照表の〝キーワード〟です。

(1) 自己資本比率――会社の「総合力」を示す

１４０頁の図表9－1をご覧ください。パナソニックの貸借対照表です。そこで見るように、「純資産＝自己資本」は、主に株主資本です。株主資本とは、株主が出資した資本（資本金と資本剰余金）と会社が獲得した利益のうち社内に留保しているもの（利益剰余金）のことです。株主資本は、名称のとおり出資者である株主に帰属します。なぜ会社が獲得した利益が株主に帰属するかというと、株式会社は株主から委託された資金を経営者が管理・運用して利益を獲得し、その利益を株主に分配することを目的とする組織だからです。

自己資本比率は高い方がよいとされています。なぜなら、自己資本比率が高いということは、逆に他人資本比率が低いということ、つまり銀行などからの借入金が少ないということなので、経営の安定性が高まるからです。

そこで、次頁の図表5－4をご覧ください。わが国を代表する製造会社5社と家電大手6社の自己資本比率（単体）です。

日産を除く製造会社4社とソニーの自己資本比率は、68・5％～75・8％にあり高率です。日産も49・9％です。

図表5－4 自己資本比率（2018年3月期）

（単位：億円）

会社名	資本金	資本剰余金	利益剰余金	純資産	総資本	自己資本比率
トヨタ	6,354	6,575	114,163	120,409	175,223	68.7%
ホンダ	860	1,703	18,662	20,781	28,490	72.9
NTT	9,379	26,728	16,023	46,025	67,104	68.5
NTTドコモ	9,496	2,923	45,779	54,169	71,389	75.8
日産	6,058	8,046	10,923	25,274	50,575	49.9
パナソニック	2,587	5,589	7,513	13,797	44,276	31.1%
日立	4,587	4,498	5,051	15,354	40,408	37.9
ソニー	8,656	10,804	7,033	26,870	35,701	75.2
東芝	4,999	4,586	△9,144	484	17,337	2.7
三菱電機	1,758	1,813	7,436	12,050	28,865	41.7
NEC	3,971	1,060	1,702	7,189	20,570	34.9

（出所：各社の有価証券報告書から作成）

東京証券取引所第1部に上場する企業（金融を除きます）の自己資本比率は、2017年度40・8％と過去最高を記録しました。2008年度は35・2％だったので、9年間で5・6ポイント上昇しています（日本経済新聞、2018年9月26日）。

課長！　あなたの会社の自己資本比率は何％ですか？　どのような推移を辿《たど》っていますか？

ところで、**図表5－4**で見るように、自己資本比率が高い5社とそれに次ぐ日産も、**資本金や資本剰余金が多いのではなく利益剰余金が多いのです**（ただし、NTTとソニーは資本剰余金が大きいです）。

では、利益剰余金とは何でしょうか？ 貸借対照表において最も重要な項目と言ってもいいでしょう。そこで、少し詳細に説明します。

(2) 利益剰余金――留保した利益の累積額

利益剰余金とは、会社が計上した利益のうち、配当金のように社外に分配したものを除く社内留保額のことです。

図表9－1（140頁）の貸借対照表で見るように、利益剰余金は、利益準備金とその他利益剰余金で構成されます。

まず、利益準備金についてです。会社法は、会社が利益を計上した時、その全額を配当金として処分することを禁じています。それは、できる限り会社資産を保全することによって債権者を保護するためです。そこで、一定の金額を社内に積み立てることを要求しているのです。これを**利益準備金**といいます。つまり、株式会社が配当する場合には、配当金額の10分の1を、資本準備金（資本剰余金からの配当の場合）または利益準備金（通常の利益剰余金からの配当の場合）として積み立てることを求めているのです。なお、会社法は、利益剰余金を配当原資の基本としています。

例えば、利益剰余金の処分として配当金1億円を決定したならば、その10分の1、つまり1000万円を利益準備金として積み立てなければなりません。こうして毎年積み立てた利益準備金の累積額が、資本準備金とあわせて資本金の4分の1に達したならば、それ以上積み立てる必要はありません。

次に、その他利益剰余金についてです。これは、任意積立金と繰越利益剰余金から構成されます。

最初に、繰越利益剰余金について説明します。株主総会で処分できる金額のことを**繰越利益剰余金**といいます。それは、これまで繰り越されてきた利益剰余金と当期純利益とを合計したものです。

株主総会は、この繰越利益剰余金を株主への配当金のように社外に分配する項目と会社内部に留保する項目とに分けて処分します。後者の社内に留保されるものは、前述の利益準備金のように法律で強制されるものと、会社の意思でそうするものとがあります。後者を**任意積立金**といいます。

任意積立金には、例えば、配当平均積立金（将来の剰余金の配当を常に安定させるために留保するもの）や災害損失積立金（将来における災害損失に備えるために留保するもの）などがあります。パナソニックの貸借対照表には任意積立金はありません。

なお、会社内部に「積み立てる」とか「留保する」という意味は、その金額を社外に流出しないということであって、特定の資産（例えば預金）として保有しておくということではありません。

ある期の業績が好調で当期純利益が大きければ、それから配当金を社外に分配しても、社内に留保される利益は大きくなります。毎年毎年の利益の社内留保額が積み重なると、利益剰余金は大きくなります。つまり、**利益剰余金は、会社設立以来の毎年の利益留保の累積額を意味するのです。会社の設立以来ずっと継続している唯一の数字なのです。**

課長！　太字部分がポイントです。もう一度読んでください。そして、あなたの会社の利益剰余金をチェックしてください。資本金の何倍ありますか？

繰り返します。利益剰余金は会社が自らの力で稼ぎ出した利益の設立以来の留保額です。毎年の利益の蓄積額です。それが自己資本を構成するのです。したがって、高い自己資本比率は、毎年毎年の利益の積み重ねの結果なのです。確実な収益力（儲ける力）がもたらしているのです。その意味で、**自己資本比率とその動向は、単に経営の安定性を示すだけではなく、収益力や成長力（伸びる力）も含む会社の総合力を測る指標ともいえるでしょう。**

5 ケース・スタディ――内部留保を吐き出せ!?

(1) 利益剰余金〝ベスト5〟

衆参両院議員の同意を得て、私を公認会計士・監査審査会会長に任命したのは安倍晋三内閣総理大臣で、辞令を交付したのは麻生太郎財務大臣兼金融担当大臣です。その麻生大臣がよく口にするのは「大企業は内部留保を吐《は》き出せ！」です。利益剰余金がこれに相当します。

実は、図表5－4（76頁）で紹介した製造会社5社は利益剰余金残高〝ベスト5〟の会社です。図表5－5をご覧ください。

製造会社の利益剰余金残高ベスト5は、自動車3社と情報通信2社で占めています。

トップのトヨタは、資本金6354億円ですが、単体の利益剰余金は11兆4163億円（資本金の17・9倍）、連結では19兆4734億円（資本金の30・6倍。ホンダとの差は約12兆円です）と他社を大きく引き離しています。

図表5－5　利益剰余金の状況（2018年3月期）

（単位：億円）

	会社名	資本金（A）	利益剰余金 単体（B）	利益剰余金 連結（C）	倍　率（C/A）
ベスト5	①トヨタ	6,354	114,163	194,734	30.6
	②ホンダ	860	18,662	76,113	88.5
	③ NTT	9,379	16,023	62,606	6.6
	④ NTTドコモ	9,496	45,779	47,892	5.0
	⑤日産	6,058	10,923	49,087	8.1
大手家電	パナソニック	2,587	7,513	13,003	5.0
	日立	4,587	5,051	21,053	4.5
	ソニー	8,656	7,033	14,403	1.6
	東芝	4,999	△9,114	2,236	0.4
	三菱電機	1,758	7,436	17,883	10.1
	NEC	3,971	1,702	2,658	0.6

第2位のホンダは、資本金が他社に比べて小額（860億円）なので単体の利益剰余金1兆8662億円は資本金の21・7倍、連結利益剰余金兆6113億円は資本金の88・5倍です。

第3位のNTT、第4位のNTTドコモ、第5位の日産の資本金と利益剰余金の倍率（連結）は、それぞれ6・6、5・0、8・1と、上位2社との間には大きな開きがあります。

パナソニックと日立の利益剰余金については第10章で分析しますが、特に目立った額ではありません。

最近好調のソニーについても、単体の利益剰余金7033億円は、資本金（8656億円）を下回っており、連結剰余金1兆4403億円も資本金の

1・6倍にすぎません。業績がこれまで低迷していたのです。

NECも苦戦しています。利益剰余金は単体・連結とも資本金（3971億円）に届きません。

一方、三菱電機は堅調です。単体では4・2倍、連結では10・1倍です。

(2) 東芝の〝チカラ〟？

すでに紹介したように、麻生太郎財務大臣は、「大企業は内部留保を吐き出せ！」といいます。が、事は簡単ではないのです。東芝を取り上げましょう。同社の過去14年間の利益剰余金の推移は、次頁の図表5－6のとおりです。

このように、過去14年間において、最大の利益剰余金残高は、2008（平成20）年3月期の単体2429億円（資本金を下回っています）、連結7744億円（資本金の2・7倍）です。

しかし、2009年3月期には、単体では当期純損失1231億円、連結では当期純損失3435億円を計上、2010年3月期も、単体では1307億円の赤字、連結でも197億円の赤字でした。赤字は利益剰余金で埋めなければなりません。したがって、2010年3月期の利益剰余金は、単体では467億円の赤字、連結では3753億円（資本金の0・8倍）

図表５－６　東芝の利益剰余金の推移

（単位：億円）

決算期	資本金（A）	利益剰余金単体	利益剰余金連結（C）	倍率（C/A）
2005年３月期	2,749	1,641	5,111	1.8倍
2006年３月期	2,749	1,675	5,700	2.0
2007年３月期	2,749	2,142	6,817	2.4
2008年３月期	2,801	2,429	7,744	2.7
2009年３月期	2,802	840	3,951	1.4
2010年３月期	4,399	△　467	3,753	0.8
2011年３月期	4,399	969	5,515	1.2
2012年３月期	4,399	1,064	5,955	1.3
2013年３月期	4,399	1,016	6,354	1.4
2014年３月期	4,399	1,265	6,523	1.4
2015年３月期	4,399	△ 1,318	3,832	0.8
2016年３月期	4,399	△ 4,620	△　767	△0.1
2017年３月期	2,000	△10,920	△ 5,803	△2.8
2018年３月期	4,999	△ 9,144	2,236	0.4

までダウンしました。

その後、２０１１年３月期以降は持ち直し、２０１４（平成26）年３月期の連結利益剰余金は６５２３億円まで回復しました。

しかし、２０１６年３月期に発覚した「不正会計」の影響で、２０１６年３月期単体当期純損失３３００億円、連結当期純損失５１６０億円、２０１７年３月期単体当期純損失１兆９２０億円（うち原子力事業撤退損失１兆２９８２億円）、連結当期純損失１兆１６０２億円を計上、利益剰余金は２０１７年３月期には単体でなんと

1兆920億円の赤字、連結では5803億円の赤字に転落したのです。

直近の2018年3月期は、単体当期純利益1775億円、連結当期純利益8403億円を計上、利益剰余金は、単体では9144億円の赤字ですが、連結では2236億円の黒字です。しかし、連結利益剰余金2236億円は、資本金（4999億円）の半分にも達していません。

課長！　会社自体が立ち上がらなければ政府は救ってくれないのです。税金を民間会社の救済に充てるわけにはいかないのです。ですから、企業は不確実な将来に対して自ら防衛しなければなりません。「内部留保を吐き出せ！」は、簡単ではないのです。

ポイント

課長！　自社の貸借対照表を眺めてください。次のような疑問が湧いてきませんか？

- □ 現金預金が少なすぎるのではないか？　いや多すぎるのではないか？　少ないと心配だが、多くていいのだろうか？
- □ 売上高に比べて売掛金が多いような感じがする。回収は順調か？
- □ 商品や製品などの在庫が多い。その分資産が膨らみ当期純利益の増大に貢献しているようだが、資金繰りは大丈夫か？

□ 仕掛品も結構あるな。例年どおりか？

□ メーカーなのに、なんで流動資産の有価証券が多いんだ？

□ 仮払金が多い。何だろう？

□ メーカーだから機械装置が多いのはわかる。が、新鋭設備があまり使われていないようだ。

□ 建設仮勘定が数年間同じ金額だ。どうして？

□ 無形固定資産の中身は何だ？　買収した会社の「のれん」はどうなっているのかな。

□ いやに長期の投資や貸付金が多いな。しかも関係会社に対して。

□ 受取手形と売掛金に比べて、支払手形と買掛金の方が多い。大丈夫か？

□ 会社の規模からして借入金が多すぎないか？

□ 預り金も多いな。何だろう？

□ 貸倒引当金は計上されているが、他の引当金は見当たらない。どうして？

□ 利益剰余金も少ないな。自己資本比率も低下している。

貸借対照表は一定時点の財政状態を示すものと言いました。動いている会社をカメラで瞬間的に撮った状態を示すものとも説明しました。もちろん、誤りではありません。

しかし、右の〝ポイント〟における課長の疑問は、貸借対照表は会社の長期間の経営活動の結果も示している、ということです。

そうです。課長！　貸借対照表はあなたの会社の歴史を示しているのです。自社の貸借対照表をじっくりご覧ください。

第6章 キャッシュの動きから会社を診る

当期純利益は前期を大幅に上回ったのに、現金預金は著しく減少したという会社が結構多いのです。また、損益計算書では利益を報告しているのに現金預金がなく、なかには倒産する会社もあります（俗に「黒字倒産」といいます）。

ところが、公表される財務諸表の中で現金預金についての情報は、これまでは貸借対照表の流動資産に示されている「現金預金」だけでした。しかし、その現金預金が前期に比し増えたのか、減ったのかについてはわかりません。

ただし、上場会社などが発表する「有価証券報告書」（60頁）の財務諸表は前期と当期の2期間の数値を示しています。パナソニックの場合は前期の２０１７年3月期の現金預金は２５６億３０００万円、当期の２０１８年3月期は２３２億５０００万円なので、１年間に23億８０００万円減少したことはわかります（なんでもないようですが、意識して計算しないとわかりません)。しかし、なぜ減少したのか、その理由は不明です。
そこで、現金預金の「入りと出」を示すキャッシュ・フロー計算書が第3の財務諸表として登場したのです。

1 キャッシュ・フロー計算書のフォーム

通常のキャッシュ・フロー計算書は、図表6－1のようなフォームです。
課長! 図表6－1に目を通してください。2分待ちます。

いかがですか? ローマ数字のⅠの項目とそのプラス・マイナスについて納得のいかない課長も多くおられることでしょう(ⅡとⅢは各項目の「収入」と「支出」なので容易に理解することができます)。

図表6－1 キャッシュ・フロー計算書

キャッシュ・フロー計算書

自20X1年4月1日 至20X2年3月31日

Ⅰ	営業活動によるキャッシュ・フロー	
	税引前当期純利益	×××
	減価償却費	×××
	貸倒引当金の増加額	×××
	売上債権の増加額	(－) ×××
	棚卸資産の増加額	(－) ×××
	仕入債務の増加額	×××
	その他	×××
	営業活動によるキャッシュ・フロー	×××
Ⅱ	投資活動によるキャッシュ・フロー	
	有価証券の取得による支出	(－) ×××
	有価証券の売却による収入	
	有形固定資産の取得による支出	(－) ×××
	有形固定資産の売却による収入	
	投資有価証券の取得による支出	(－) ×××
	投資有価証券の売却による収入	
	貸付けによる支出	(－) ×××
	貸付金の回収による収入	
	投資活動によるキャッシュ・フロー	×××
Ⅲ	財務活動によるキャッシュ・フロー	
	短期借入れによる収入	×××
	短期借入金の返済による支出	(－) ×××
	長期借入れによる収入	×××
	長期借入金の返済による支出	(－) ×××
	財務活動によるキャッシュ・フロー	×××
Ⅳ	現金の増加（減少）額	×××
Ⅴ	現金の期首残高	×××
Ⅵ	現金の期末残高	×××

2 キャッシュの流れを3つの領域でつかむ

まず、Ⅰ、Ⅱ、Ⅲに注目してください。それらが示すように、キャッシュ・フロー計算書は、会社の活動を、営業活動と投資活動と財務活動の3つに区分し、それぞれの領域における現金の「入り」と「出」を明らかにするものです。この場合の現金には、当座預金と普通預金と3ヵ月以内の定期預金も含まれます。そして、Ⅳが当期の現金の増減額です。**大切なことは、3区分における現金の流れとそれぞれの関係を理解することです。**

(1) 営業活動によるキャッシュ・フロー

第1の区分である「営業活動によるキャッシュ・フロー」は、会社の本来の営業活動による現金収入と現金支出を示します。この区分における現金残高が、次の2つの区分である投資活動と財務活動の有力な原資となるのです。

当期純利益1億円は現金1億円の増加ではありません。掛取引が中心だからです。そこで、キャッシュ・フロー計算書を作成するためには、損益計算書の収益や費用、貸借対照表の売掛金や棚卸資産、買掛金などについて、実際に現金収入と現金支出があったとみなすための作業が必要なのです。その「原理」は、第1章で学んだ「カネの動きのルール」です（4頁）。

以下、図表6-1の順序に従って説明します。

最初に、損益計算書の税引前当期純利益（税引前当期純損失の場合もあります。図表4-1、51頁）を記載します。法人税・住民税・事業税を控除する前の当期純利益がすべて入金（現金収入）された、とみなすのです（税引前当期純損失の場合は、当該損失額がすべて現金支出された、とみなすのです）。5頁の「ルール①」です。

これに、減価償却費を加えます。減価償却費は税引前当期純利益を計算する前にすでに費用として処理されていますが、実際には現金支出はなかったからです。社外に流出しなかった分現金が残っているはずです。ですから、プラスです。

次の貸倒引当金の前期と比べた増加額は、貸倒引当金繰入額の前期と比べた増加額のことです（27頁）。貸倒引当金繰入額も税引前当期純利益を計算する前に費用として処理されていますが、減価償却費と同じように現金支出はなかったので、その増加額分現金が残っているはずです。ですから、これもプラスです。両項目とも6頁の「ルール⑤」です。

さらに、当期と前期の貸借対照表から売上債権や棚卸資産、仕入債務などの増減額を調整します。この部分がわかりにくいところです。

売掛金と受取手形である売上債権が前期に比し増加したということは、現金での回収ができなかったので、その分現金が減少したとみなすのです。5頁の「ルール②」です。

商品や製品、原材料や仕掛品のような棚卸資産が前期に比し増加したということは、現金がそれらの資産に固定化されてしまったので、その分現金が減少したとみなすのです。「ルール③」です。

つまり、両項目とも、増加額分現金が滞留してしまったので、その分現金が減少したとみなすのです。逆に、売上債権と棚卸資産が前期に比し減少したということは、その分現金が回収できたので、現金が増加したとみなすのです。

一方、買掛金と支払手形である仕入債務が前期に比し増加したということは、支払いの延期で現金に余裕が生じたことを意味します。自由に使える現金がその分増加したとみなすのです。逆に、仕入債務が前期に比し減少したということは、決済のための現金支出が増加したので、その分現金が減少したとみなすのです。「ルール④」です。

その他、預金利息や配当金の受取額は現金の増加、借入金利息や法人税の支払額は現金の減少として営業活動の区分（「その他」）に記載します。

課長！　納得してもらえたでしょうか？

(2)　投資活動によるキャッシュ・フロー

投資活動によるキャッシュ・フローは、証券投資、設備投資、融資の3つの投資に係る現金収入と現金支出について記載します。つまり、売買目的や経営支配目的などのための株式の売却や取得、建物や機械装置などの有形固定資産の売却や取得、子会社などへの貸付けや回収によって、現金がどれだけ増減したのかを示すのです。

会社がM&Aや設備投資に積極的な場合などは、現金がどんどん出ていくので、投資活動によるキャッシュ・フローはマイナスになりがちです。

一方、この区分がプラスであったとしても、その要因がずっと以前から保有していた株式の売却収入とか、土地や建物の売却収入などによる場合には注意が必要です。それらを売却して現金を確保せざるを得ない状況にあるからです。60頁をもう一度お読みください。

(3)　財務活動によるキャッシュ・フロー

財務活動によるキャッシュ・フローは、会社の営業活動と投資活動を維持するために、現金を、どのようにして、どれだけ調達し、返済したのかを明らかにします。短期・長期の借入れによる収入と返済による支出、社債の発行による収入と償還による支出、自己株式の取得による支出などが示されます。

(4) "フリーキャッシュ・フロー"とは?

営業活動によるキャッシュ・フローの残高と投資活動によるキャッシュ・フローの残高を足してみましょう。その合計額をフリーキャッシュ・フローといいます。経営者が「自由に使えるお金」という意味です。

例えば、営業活動によるキャッシュ・フローがプラス10億円、投資活動によるキャッシュ・フローがマイナス6億円の場合のフリーキャッシュ・フローは4億円です。このようにフリーキャッシュ・フローがプラスの場合には望ましい状況にあります。自社の営業活動で得た現金で投資活動に必要な現金を賄《まかな》えているからです。逆に、マイナスの場合には、投資活動のための現金を営業活動で得た現金で賄えていないということなので、不足分は主に借入金によって補わざるを得ません。借入金が膨らみ、支払利息も重荷です。

そして、フリーキャッシュ・フローがプラスの場合には、いろいろな方法が考えられます。通常は、借入金の返済に充てるでしょう。財務体質はより強固になります。また、自己株式の取得も考えられます。会社が自社の株式を買い取ってしまうので、市場に出回る株式は少なくなり、〝ROE〟(Return on Equity：株主資本利益率＝当期純利益÷株主資本。74頁）が高まります（分母にくる「株主資本」が少なくなるからです）。すると、株主からの資金を効率的に使っていると評判になり、株価は上昇するのです。自己株式は株式交換によるM＆Aの対価に活用することもできます。パナソニックは、三洋電機とパナソニック電工を完全子会社（議決権の100％所有）化するために自己株式を利用しました。

このように、キャッシュ・フロー計算書を上から順番に見ていくと、

① 会社がどのような営業活動でどれだけの現金を稼いだのか
② その現金でどのような、そしてどれだけの投資をしたのか
③ 現金が余った場合には何にどれだけ活用したのか、足りなかった場合にはどこからどれだけ調達したのか

を、一目《ひとめ》で読み取ることができます。

そして、右の3つの区分によるキャッシュ・フローの残高を合計すると、図表6－1のⅣ当期の現金の増加（減少）額となり、これにⅤ期首の現金残高を加えるとⅥ期末の現金残高となります。期末の現金残高は貸借対照表の現金預金と一致します。そこで、**キャッシュ・フロー計算書は「現金預金の増減明細表」**ともいえるのです。

3 発見！――CFがPLとBSを結ぶ！

ところで、キャッシュ・フロー計算書と損益計算書、そして貸借対照表の3つの財務諸表はどのような関係にあるのでしょうか。

次頁の図表6－2をご覧ください。

図表6－2は、第4章（50頁）で説明した発生主義に基づく損益計算書を、現金主義に基づくキャッシュ・フロー計算書に変換することによって、当該期間中の現金の流れを測定し、その増減残高と期首の現金残高の合計額が発生主義に基づく貸借対照表の現金預金であることを示しているのです。つまり、キャッシュ・フロー計算書は、現金主義を基軸に、損益計算書と貸借対照表を結ぶ「連結環」の役割を果たしているのです。

課長！　これは極めて重要かつ有用な図表です。もう一度ご覧ください。

そして、課長！　矢印を遡《さかのぼ》ってください。出発点はどこでしょうか。

売上高です。基本財務3表の〝アタマ〟に位置するのです。利益の拡大もカネの増加も、売上げが源泉なのです。

図表6－2 基本財務三表の相互関係

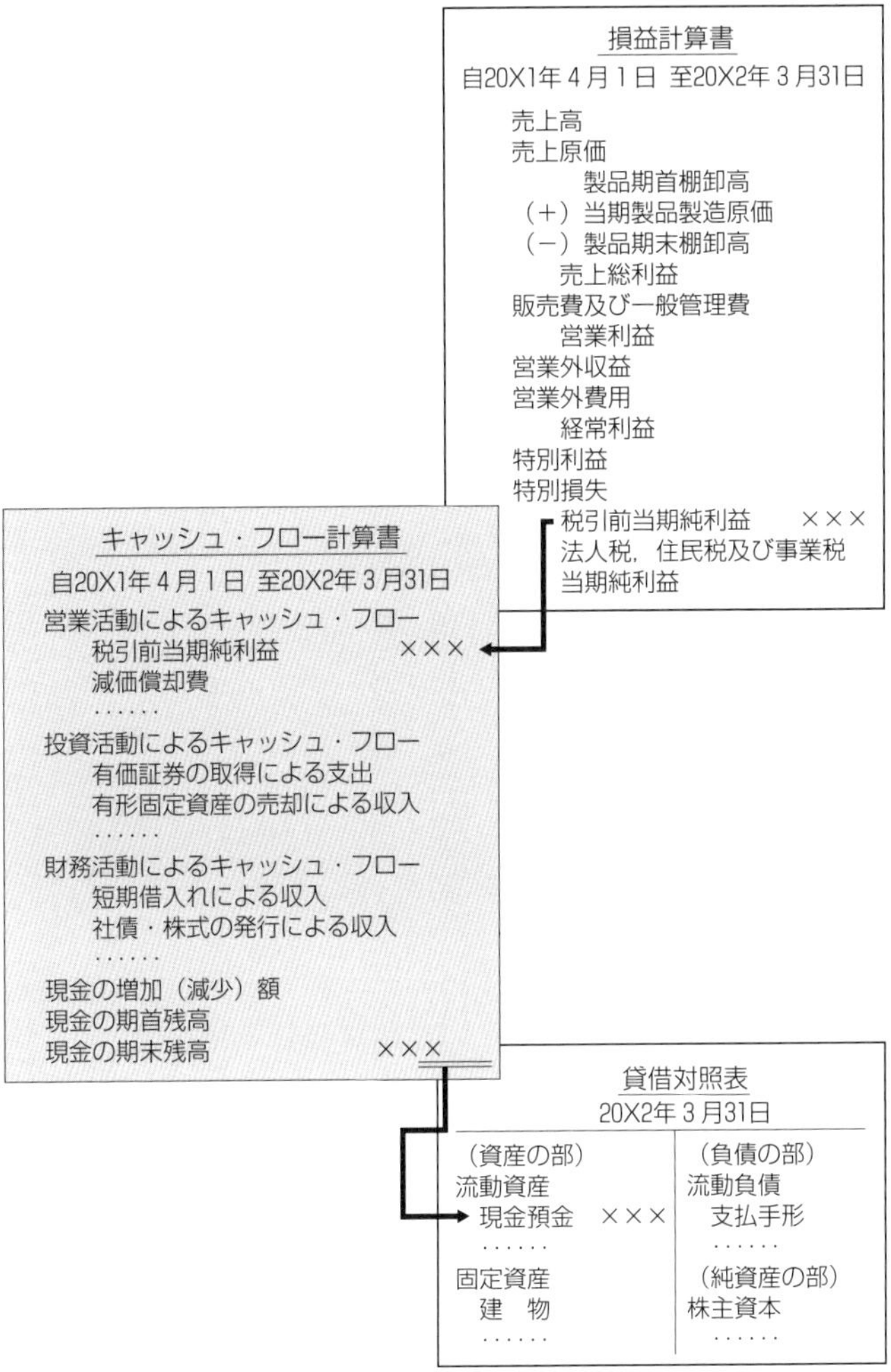

ポイント

会社は将来に向かって活動しています。会社の成長力や将来性はどうなのか、課長の関心もここにあるはずです。これまでに学んだ貸借対照表も損益計算書も、そしてキャッシュ・フロー計算書も、すべて過去のデータです。過ぎ去った状況を示しているにすぎないのです。

しかし、です。

数期間の財務諸表を横に並べると、「点が線になる」のです。

もう一度言います。「点が線になる」のです。

売上高の線の先がどこを向いていますか？　右上ですか、右下ですか、右横ですか？

営業利益や経常利益の動向はどうですか？

特別損失の発生が連続していませんか？

借入金は減っていますか？

利益剰余金は増えていますか？

営業活動によるキャッシュ・フローはプラスが続いていますか?

24歳で赴任した私を新入生と間違えた応援団長兼空手部長のＹ君は，私を柔道場の真ん中に正座させお説教をしてくれました。そのＹ君は「６年間」も学び卒業しました。「２：６：２」に従うならば，Ｙ君が後の「２」に入ることは明らかでした。

30年後，長く勤まらない性格だからもういないだろうと思いつつ確かめると，なんと第一生命佐賀県支社長であることを知りました。早速連絡したところ，500名も部下がいるというのです。電話口で思わず「ウソだろ」と発しました。

彼が講演会をセットしてくれました。会場の佐賀銀行のホールは，立錐の余地のない盛況でした。懇親会の席上でその旨説明すると，「任せてください。森田社長の自宅に直接送りましょう。カボス〔佐賀の名産〕の下に先生の本と手紙を同封します。」

代官に貢ぎものをするようで少し気が引けましたが，彼に委ねました。数日して，森田社長から直筆のお手紙を頂きました。

20年前の話ですが……。

課長！「２：６：２」の後の「２」にも侮《あなど》れない人物がいるのです。

コラム② 「2：6：2」の後の「2」

「2：6：2の法則」という言葉があります。上位の2割が優秀，中位の6割が平均的，下位の2割がパッとしないというものです。この経験則は，上位2割のエリートばかりを集めても，結局は「2：6：2」になるし，下位の2割をクビにしても，残った中で新たな「2：6：2」が生まれるともいうのです。

拙著『課長の会計道』（中央経済社，2004年）において，「2：6：2」の後の「2」に入ると評価される従業員の教育について，森田冨治郎第一生命社長（当時）が主張される“ボトムアップ”を通して組織全体を活性化することの重要性を紹介しました（『プレジデント』2003年5月5日号，63頁）。

そして，拙著を社長に贈呈しました。期待するのは間違いですが，返事はいただけませんでした。ただ，森田社長には私の気持ちを伝えたかったのです。それは，第一生命本社の新入社員教育の講師を引き受けたことがあり，また，秋田，大分，熊本，高知の第一生命支社の得意先を相手に講演した経験があったからです。

どうしようかと考えた時，私の最初の赴任校である鹿児島経済大学の卒業生Y君が同社に勤務していることを思い出しました。

第7章

パナソニック物語①
――どん底への転落。なぜ？

パナソニック株式会社は、２０１８（平成30）年３月、創業１００周年を迎えました（１９１８（大正７）年３月松下電気器具製作所として創立、１９３５（昭和10）年12月松下電器産業株式会社（資本金１０００万円）と改組、２００８（平成20）年10月現在の会社名に変更）。言うまでもなく、日本を代表する世界的総合エレクトロニクスメーカーです。

ダーク・ダックスの歌う〝明るいナショナル〟を耳にし、〝ナショナル劇場〟で「水戸黄門」や「大岡越前」を楽しまれた課長も多いことでしょう。当社の今世紀18年間の財務諸表を分析します。

課長！　今のあなたならほとんど理解できます。

少し長文の「パナソニック物語」ですが、どうぞ最後までお読みください。

1 パナソニックの18年間の業績――概観

106頁の図表7－1は、パナソニック単体の18年間の業績です。カッコ内の数値はパナソニック・グループの連結売上高と連結当期純損益です。

連結データに関連して、最初に**関係会社**について、その意味を明確にしておきます。親会社や子会社、関係会社などという言葉は日常的に使われていますが、法規（財務諸表等規則第8条）できちんと定義されているのです。

① **親会社**――他の会社の財務および営業または事業の方針を決定する機関（例えば、株主総会）を支配している会社。

② **子会社**――親会社によって支配されている会社。取締役の過半数を親会社から派遣されている会社、調達資金額の50％超を親会社から融資されている会社なども子会社です。

③ **関連会社**――会社が、出資、人事、資金、技術、取引などの関係を通じて、子会社以外の他の会社の財務および営業または事業の方針の決定に対して重要な影響を与えることができる場合における当該他の会社。

④　**関係会社**――親会社、子会社、関連会社を互いに関係会社という。例えば、財務諸表提出会社ａの親会社をＡ、ａの子会社をa′、ａの関連会社をa″とすると、ａ社の関係会社は、Ａ、a′、a″です。

このように、子会社や関連会社になるかどうかは、単に株式の保有だけではなく、取締役の派遣や融資、技術供与、取引関係などを通じて総合的に判断されるのです。

そして、パナソニックの連結財務諸表は、２０１８年３月31日現在、親会社パナソニックとその関係会社６７９社（子会社５９１社および関連会社88社）を合体し１つの企業とみなして作成されています。

図表７‐１の売上高について、２００１（平成13）年３月期から２００９（平成21）年３月期までの９期間は、２００２（平成14）年３月期を除き〝アップ＆ダウン〟しながらも４兆円台をキープすることができました。しかし、２０１０（平成22）年３月期から２０１７（平成29）年３月期までの８期間は、２０１１年３月期と２０１４年３月期の２期を除き４兆円を超えていません。２０１８（平成30）年３月期は４兆円を回復、３期連続の右肩下がりに歯止めをかけました。しかし、５兆円は遠いのです。

連結売上高も、２００９年３月期以降、２０１７年３月期までの９期間は７兆３０００億円から７兆８０００億円の間で停滞していました（ただし、２０１１年３月期は三洋電機の

図表７－１　パナソニックの業績と状況

（単位：億円）

決算期	売上高	営業利益	経常利益	特別利益	特別損失	当期純利益
2001.3	48,318	766	1,154	80	482	636
2002.3	39,007	△929	△424	33	2,150	△1,324
						(△4,310)
2003.3	42,378	1,265	801	522	432	288
2004.3	40,814	469	1,052	176	387	594
2005.3	41,456	883	1,162	289	380	734
2006.3	44,725	1,232	2,164	1,069	3,260	204
	(88,943)					(1,544)
2007.3	47,468	1,419	1,416	503	161	988
	(91,081)					(2,171)
2008.3	48.622	1,327	2,111	77	845	1,003
	(90,689)					(2,818)
2009.3	42,492	△577	1,171	1,272	2,228	△563
	(77,655)					(△3,789)
2010.3	39,265	531	467	278	1,537	△1,249
	(74,179)					(△1,034)
2011.3	41,430	1,042	1,463	77	1,392	△498
	(86,926)					(740)
2012.3	38,724	282	557	116	5,956	△5,270
	(78,462)					(△7,721)
2013.3	39,169	376	1,105	785	8,111	△6,593
	(73,030)					(△7,542)
2014.3	40,846	703	1,451	1,415	2,919	△259
	(77,365)					(1,204)
2015.3	38,524	830	1,902	741	2,000	82
	(77,150)					(1,794)
2016.3	37,822	718	2,137	72	1,862	37
	(76,263)					(1,912)
2017.3	36,552	459	2,476	3,749	2,011	4,434
	(73,437)					(1,724)
2018.3	40,560	1,962	3,210	41	774	1,740
	(79,821)					(2,520)

（注）　連結売上高と連結当期純損益については，2006年３月期～2015年３月期は「米国会計基準」，2016年３月期～2018年３月期は「国際財務報告基準」（IFRS：International Financial Reporting Standards）による。

図表7－2 単体売上高と連結売上高，単体当期純利益と連結当期純利益の推移

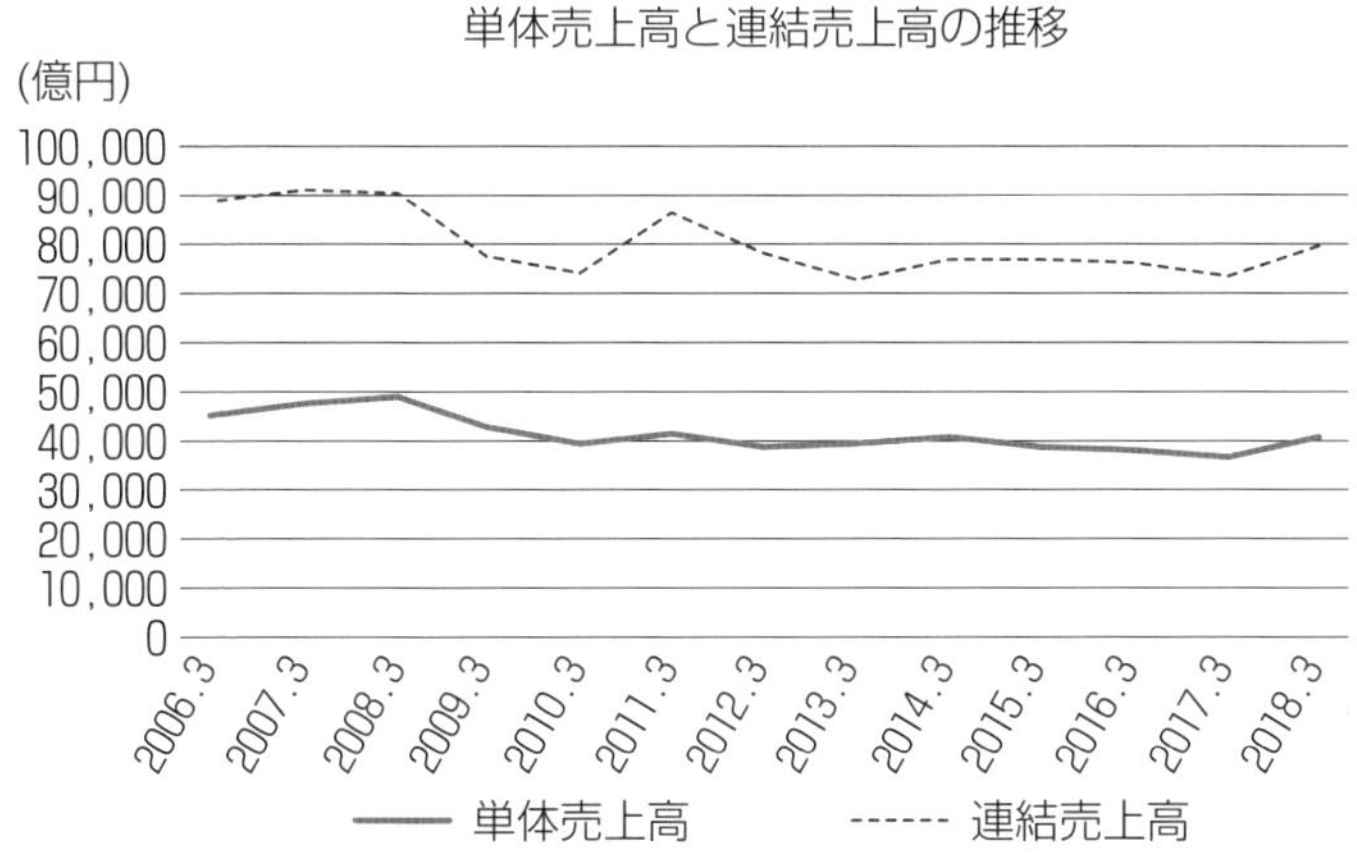

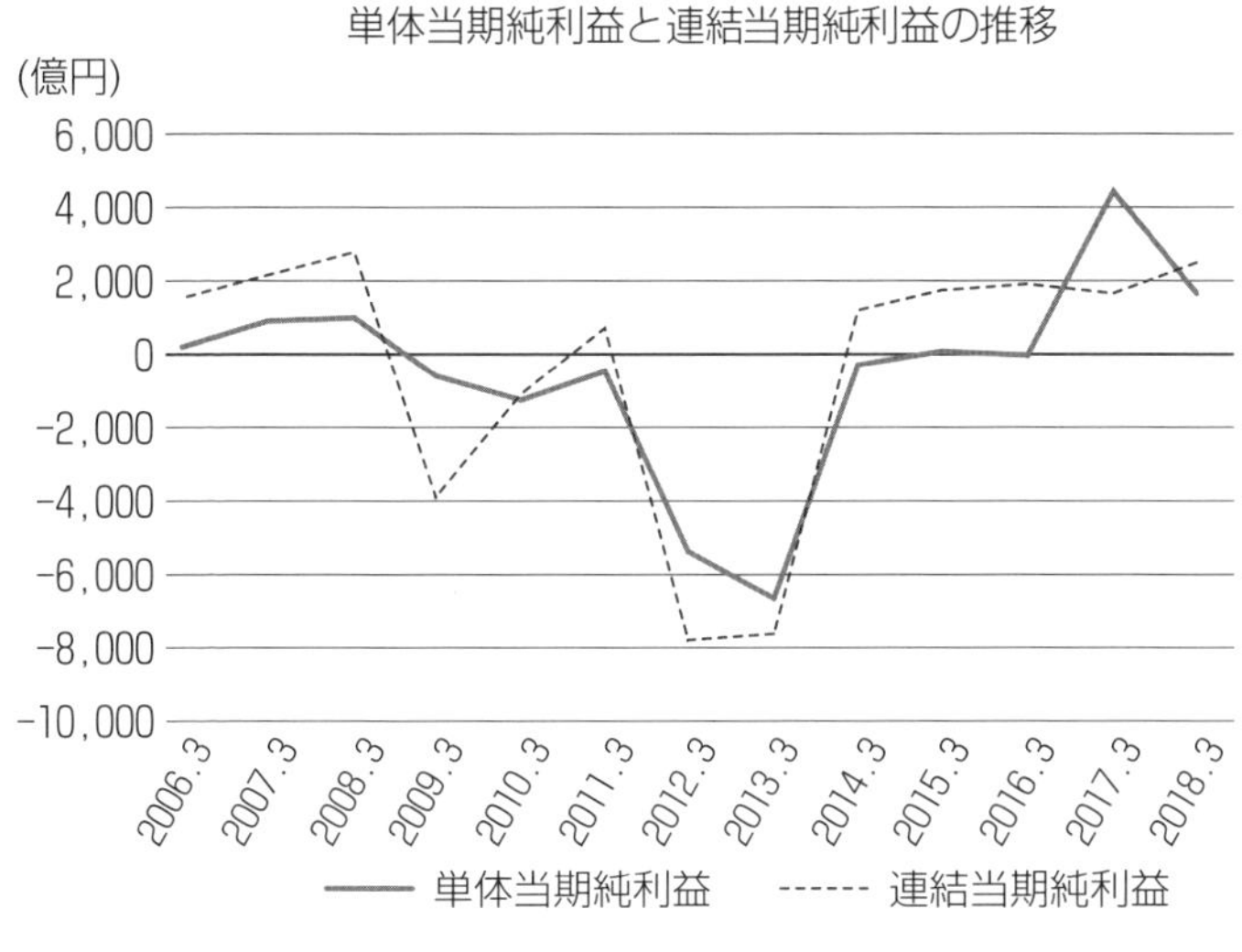

図表7－3　売上高の連単倍率

2006.3 ── 1.98倍	2007.3 ── 1.91倍	2008.3 ── 1.86倍
2009.3 ── 1.82倍	2010.3 ── 1.88倍	2011.3 ── 2.09倍
2012.3 ── 2.02倍	2013.3 ── 1.86倍	2014.3 ── 1.89倍
2015.3 ── 2.00倍	2016.3 ── 2.01倍	2017.3 ── 2.00倍
2018.3 ── 1.96倍		

売上高が加わり8兆6926億円です）。2018年3月期は7兆9821億円で8兆円にもう一歩ですが、10年以上も前の2007（平成19）年3月期と2008年3月期に記録した9兆円には未だ距離があるのです。

図表7－2の売上高のグラフを見ましょう。

単体・連結とも2009年3月期から9年間もやや右肩下がりで停滞していました。2018年に上向きに転じました。

売上高の連単倍率は、図表7－3のとおりです。

このように、過去13年間の連単倍率は1・82倍から2・09倍（2・09倍は三洋電機を子会社化したからです）の範囲にあり、平均は1・94倍です。連結売上高のうちパナソニックの売上高を1とすると関係会社全体の売上高が0・94で合計1・94ということです。つまり、連結売上高の半分がパナソニック、残りの半分が関係会社です。

18年間のうち営業利益が16期、営業損失が2期です。しかし、

図表7－4 営業外収益と営業外費用

（単位：億円）

	2005.3	2006.3	2007.3	2008.3	2009.3	2010.3	2011.3
営業外収益	1,050	1,562	940	1,413	2,528	1,218	1,114
営業外費用	771	630	944	630	780	1,282	693
純　額	279	932	△ 4	783	1,748	△ 64	421
営業利益	883	1,232	1,419	1,327	△ 577	531	1,042

	2012.3	2013.3	2014.3	2015.3	2016.3	2017.3	2018.3
営業外収益	1,049	1,386	1,841	1,736	2,066	2,431	1,879
営業外費用	774	658	1,093	664	647	414	631
純　額	275	728	748	1,072	1,419	2,017	1,248
営業利益	282	376	703	830	718	459	1,962

営業利益率は、前半8年間は1・82％（営業利益累計6432億円÷売上高累計35兆2788億円）、2009年3月期から6期連続の赤字の時代にはわずかに0・97％（営業利益累計2357億円÷売上高累計24兆1926億円）、2015年3月期から2017年3月期は1・77％（営業利益累計2007億円÷売上高累計11兆2898億円）です。本来の営業活動による業績である営業利益率は伸びていません。ただし、2018年3月期の営業利益は1962億円とこれまでの最高を記録し、営業利益率も4・83％（営業利益1962億円÷売上高4兆560億円）です。

経常利益は、18年間のうち前半の3期を除き、各年度とも営業利益をかなり大幅に上回っています。それは、前頁の**図表7－4**が示すように、受取利息と受取配当金を中心とする営業外収益が、社債利息や為替差損などの営業外費用を上回っているからです。特に2013年3月期以降2017年3月期までの5期間は、両者の差額である「純額」が営業利益を上回り、しかも、最近4期間はその純額が1000億円を超え、2017年3月期の2017億円は営業利益の4・4倍です。

そして、2009年3月期以降2018年3月期までの10年間の特徴は、巨額な「特別損失」が連続して発生しているという事実です（ただし、2018年3月期は774億円と10年振りに1000億円を下回りました）。その累計はなんと2兆8790億円です。経常利益累計1兆5939億円と特別利益累計8546億円、合計2兆4485億円ではカバーできません。特別損益については以下および次章で分析します。

最終業績の当期純損益については、過去18年間のうち単体では7期間、連結では5期間において当期純損失（赤字）です。**図表7－2**（107頁）の下のグラフもご覧ください。この間のパナソニックの「苦況」が容易に理解できます。

もう少し詳しく検討しましょう。

2　パナソニックの各期の業績

(1)　２００１（平成13）年３月期〜２００８（平成20）年３月期　――創業以来の「大赤字」と「至福」の２期

図表７－１をもう一度ご覧ください。

過去18年間のうち前半８年間（２００１年３月期〜２００８年３月期）の概況は、以下のとおりです。

２００２年３月期は「創業以来の大赤字」（当期純損失１３２４億円、連結当期純損失４３１０億円）となりました。以後、「構造改革」を断行、２００３年３月期から２００５年３月期までの３期間の売上高は４兆円を少し上回り、当期純利益もそれなりの数値（２８８億円、５９４億円、７３４億円）を確保しました。

２００６年３月期は、売上高４兆４７２５億円、営業利益１２３２億円、経常利益２１６４億円と大きな成果でした。しかし、ブラウン管事業の海外拠点の閉鎖に伴う早期退職費用など

１１３１億円、連結子会社の米国エムイーアイホールディングス（ユニバーサルスタジオ関連事業）の解散決議に伴う子会社株式評価損１８４５億円、ＦＦ式石油暖房機から漏れた一酸化炭素中毒事件に係る緊急市場対策費２４９億円などの特別損失３２６０億円が発生、結果として当期純利益は２０４億円でした。連結売上高８兆８９４３億円は単体の約２倍、連結当期純利益は１５４４億円でした。

２００７年３月期は、売上高４兆７４６８億円、営業利益１４１９億円、経常利益１４１６億円、当期純利益９８８億円、連結でも売上高９兆１０８１億円、連結当期純利益２１７１億円と好業績です。翌２００８年３月期は、売上高４兆８６２２億円、当期純利益１００３億円と、ともに前期を上回り、連結でも、売上高９兆６８９億円は前期にはわずかに（３９２億円）及ばなかったものの、当期純利益は過去最高の２８１８億円です。結果的には、２０１７年3月期までの17年間のうちこの2年間が至福の時でした。

(2) 2009（平成21）年3月期――〝リーマン・ショック〟

売上高４兆２４９２億円は前期比６１３０億円（13％）も減少（連結売上高も前期比15％減の７兆７６５５億円）、営業損失は５７７億円で営業段階での赤字です。〝リーマン・ショック〟による世界的な金融危機が主因です。しかし、営業外収益２５２８億円（主に受取利息と受取配当金）が営業外費用780億円（主に支払利息）を大きく上回り、経常利益1171億円を確保することができました。

ところが、です。133頁の図表8－1をご覧ください（以下、各期の特別損失についても参照してください）。

投資先の経営悪化による投資有価証券評価損（385億円）、プラズマテレビやエアコン事業などの関係会社の経営悪化に伴う関係会社株式評価損（669億円）とテレビ事業関連の子会社の債務超過に対する関係会社社債務超過引当損（782億円）の計1451億円、デジタル機器向け半導体事業の収益性が悪化したため機械装置などの帳簿価額を回収可能価額まで減額した結果の減損損失（116億円。62頁）、事業構造改革特別損失（70億円。株主総会に提出された損益計算書には記載されていませんが、同社の有価証券報告書（60頁）によると、主に早期退職一時金と拠点統廃合費用です）が発生しました。加えて、「Pana（あまねく）＋Sonic（音）＝当社が創り出す音をあまねく世界へ」という思いを込めて、2008年10月1日に「松下電器産業」から〝パナソニック〟へと社名を変更、ブランドも統一し、それらに係る費用（151億円）も計上しました（本章冒頭で指摘した〝ナショナル劇場〟の終了。2008年9月22日最終放映）。その結果、合計2228億円もの特別損失が発生したのです。経常利益1171億円ではカバーできません。

そこで、です。１３６頁の**図表８－２**をご覧ください（**以下、各期の特別利益についても参照してください**）。

特別損失を埋め合わせるために、投資有価証券と関係会社株式、それに固定資産を売却し、それぞれ11億円、69億円、７億円の売却益（計87億円）を確保、そして、松下冷機と松下電池工業を吸収合併したことによる抱合せ株式消滅差益１１８４億円も計上、合計１２７２億円という２００１年３月期以降最大の特別利益を捻出（無理にやりくりしてこしらえること）したのです。

この特別利益と経常利益を合わせ、どうにか税引前当期純利益２１５億円を確保することができました。しかし、当期に納付すべき法人税・住民税・事業税と会計上の税金費用合計７７７億円を計上、結果として、当期は純損失５６３億円でした。連結当期純損失も３７８９億円と巨額です。当期から苦難が始まるのです。

抱合せ株式消滅差益について説明します。

吸収合併において存続会社が消滅会社の株式を所有している場合、当該株式を「抱合せ株式」と呼びます。抱合せ株式消滅差益とは、消滅会社（前述のケースでは松下冷機と松下電池工業）の純資産（「時価で評価した資産マイナス負債」）が、存続会社（パナソニック）の所有する株式の簿価（取得原価）を上回る場合に発生する差益のことです（下回る場合は

「抱合せ株式消滅差損」です。２０１２年３月期，１２０頁）。

(3) ２０１０（平成22）年３月期──なぜ減価償却方法を変更？

売上高３兆９２６５億円は前期よりさらに３２００億円下回り４兆円を割り込みましたが、営業利益は５３１億円と黒字化、経常利益は４６７億円でした。

しかし、前期で指摘したテレビや半導体事業などに係る関係会社の経営改善は見られず、関係会社株式評価損（５２８億円）と関係会社債務超過引当損（７６２億円）の計１２９０億円を今期も計上、また、不振の電池事業の機械装置などの減損損失（１６４億円）や事業構造改革特別損失（76億円）など、合計１５３７億円の特別損失が発生しました。

そこで、前期と同様、投資有価証券と関係会社株式と固定資産を売却、それぞれ37億円、40億円、１６１億円の売却益（計２３８億円。前期の87億円に比し１５１億円の増加）を確保、そして、パナソニックセミコンダクターデバイスソリューションズを吸収合併し抱合せ株式消滅差益38億円を計上、合計２７８億円の特別利益を生み出しました。しかし、当期純損失は前期の２倍を上回る１２４９億円でした。

そして、当期において注目すべき事実は、減価償却方法を変更したということです。

パナソニックは、有形固定資産（リース資産を除きます）の減価償却方法を、これまでの「合理的な耐用年数に基づく定率法」から税法上の「定額法」に変更しました。なお、合理的な耐用年数に基づく定率法とは、法定耐用年数を2～3割程度短縮したパナソニック独自の減価償却方法です（2007年3月期まではこのように注記していましたが、その後は明示しませんでした。当然のことですが、税務署は減価償却の償却超過額については損金と認めず所得と認定します。パナソニックも、それは承知で償却超過額を「自己否認」し税金を納めていたのです）。

そして、変更理由について、次のように説明しました。

「当社の主要な設備は、デジタルAV機器の製造に係る機械装置です。当該製造装置は、商品の入れ替わりは激しいものの、共用可能な設備のウェイトを高めたことにより、耐用年数の期間において使用の程度が平準化していることが明らかであり、設備投資のコストを毎期平均的に負担させることがより事業の実態を反映する合理的な方法であると判断し、定額法に変更するものです。

この結果、従来の方法によった場合に比べ、営業利益及び経常利益はそれぞれ９９５８百万円増加し、税引前当期純損失は同額減少しています。」

この減価償却方法の変更について、監査法人は、監査報告書（２０１０年6月28日付）において、「追記情報　会計方針の変更に記載されているとおり、会社は当事業年度より有形固定資産（リース資産を除く）の減価償却の方法を変更している」と財務諸表利用者に注意を喚起していますが、「正当な理由による会計方針の変更」と結論、財務諸表に対して無限定適正意見を表明しました。

監査法人が容認した以上、それを受け入れざるを得ないのですが、その結果、約１００億円もの利益を生み出したのです。定額法への変更理由を「共用可能な設備のウェイトを高めたことにより、耐用年数の期間において使用の程度が平準化していること」を理由としていますが、そのような状況は数期間前から継続していたとも考えられますので、なぜ当期（２０１０年３月期）に減価償却方法を変更したのか、会社の指摘する変更理由では必ずしも納得が得られるものではありません。

１０６頁の図表７－１をもう一度ご覧ください。パナソニックのそれまでの最大の損失は２００２年３月期の１３２４億円です。当時の中村邦夫社長は、業績発表において、「創業以来の大赤字を出し、ご迷惑をかけた」と頭を下げました。２０１０年３月期はそれに次ぐ１２４９億円の損失です。もし減価償却方法を変更しなかったならば当期純損失は、それこそ創業以来の大赤字となる１３４８億円（１２４９億円＋99億円）でした。それを避けるために減価償却方法を変更したのではないか、と疑問が残ります。

減価償却方法の「定率法」から「定額法」への変更は、減価償却費の過少計上により利益の過大表示をもたらします。そして、それを指向する場合、経営者は常套手段としてこの会計処理の変更を行ってきたのです（最近では減少しつつありますが、それでも、「正当な理由による会計方針の変更」の第1位です）。

「ブルータスよ、お前もか！」です。

(4) 2011（平成23）年3月期――三洋電機を統合

当期においては、家電エコポイント制度の改定による駆け込み需要に牽引され売上高は4兆円台（4兆1430億円）を回復、営業利益は1042億円です。営業外収益1114億円、営業外費用693億円で、結果として、経常利益1463億円を計上することができ前期の467億円を大きく上回りました。

ところが、前2期と同様、テレビ、半導体、電池、携帯電話、デジタルカメラなどの事業に係る関係会社の株式評価損（641億円）と主にテレビ事業関連の関係会社の債務超過に対する引当損（582億円）の計1223億円、投資有価証券評価損（54億円）と投資有価証券売却損（42億円）、事業構造改革特別損失（21億円）、東日本大震災に係る特別震災対策費用（50億円）、合計1392億円の特別損失が発生しました。経常利益でカバーすることができますが、そうすると税引前当期純利益はわずかに71億円（1,463億円－1,392億円）です。

そこで、投資有価証券売却益（63億円）と固定資産売却益（14億円）の特別利益（77億円）を確保し、経常利益と合わせ、税引前当期純利益148億円を計上することができました。しかし、税金費用など646億円が発生、結果として当期純損失は498億円です。

連結売上高は8兆6926億円で前期を1兆2700億円上回りました。三洋電機とその子会社の連結売上高1兆5619億円が加わったからです。そして、連結当期純利益は740億円で3年振りの黒字です。

(5) 2012（平成24）年3月期——どん底へ

売上高は3兆8724億円で、過去12年間の最低です。連結売上高は7兆8462億円で前期に比し約8500億円もダウンしました。東日本大震災による電力供給懸念、タイ洪水によるサプライチェーンの寸断、欧州金融危機に端を発した世界経済の混乱、過去にない水準の円高の進行など、国内外における経営環境悪化の要因が重なった結果です。2008年3月期の売上高は4兆8622億円だったので、この4年間で約1兆円も減少しているのです。営業利益も前期比760億円減の282億円、経常利益も前期比906億円減の557億円です。

そして、投資有価証券売却損（197億円）、減損損失（745億円。半導体の生産設備に係る減損損失483億円、薄型テレビの特許権に係る減損損失231億円など）、事業構造改革特別損失（460億円。早期退職一時金316億円と国内拠点の再編などに伴う損失144億円）、合併に伴う損失（603億円。抱合せ株式消滅差損559億円など。なお、抱合せ株式消滅差損の内容は明らかにされていません）、さらに、テレビ事業関連の国内関係会社の債務超過に対する引当損を3949億円も計上しました（有価証券報告書130頁※7）。その結果、合計5956億円という巨額な特別損失が発生したのです。

なお、巨額な関係会社債務超過引当損3949億円は、テレビ事業関連の子会社であるパナソニック液晶ディスプレイとパナソニックプラズマディスプレイの2社に係るものです。151頁の**図表9-5**で見るように、両社の債務超過額は、2012年3月期はそれぞれ4266億円、3133億円、合計7399億円、2011年3月期はそれぞれ1808億円、1642億円、合計3450億円で、1年間で3949億円も増えています。つまり、両社の債務超過の増加額をそのまま引当損として処理したのです。

特別損失5956億円は、営業利益の21倍以上にも相当する金額です。経常利益557億円では到底カバーできません。

そこで、投資有価証券売却益116億円を計上したのですが焼け石に水です。

結局、当期純損失は5270億円です。そして、**連結当期純損失7721億円はグループ過去最大で、それまでの日本の製造業史上第2位の赤字です**（第1位は日立製作所の2009

年3月期の7873億円で、その差はわずか152億円です。投資有価証券売却益116億円を計上しなかったならば、その差は36億円でした。なお、現時点までの連結当期純損失第1位は、東芝の2017年3月期の1兆1602億円です)。

このような状況において、2012年6月の株主総会で選任された現在の代表取締役社長津賀一宏氏が登板するのです。

第8章 パナソニック物語②
——どん底からの脱出、その利益捻出方法とは?

1 パナソニックの各期の業績（続）

(1) 2013（平成25）年3月期——さらにどん底へ

津賀新政権の第1期です。

売上高は3兆9169億円、営業利益は376億円で、それぞれ前年を445億円、94億円上回りましたが、ほぼ横ばいです（連結売上高は前期を5432億円も下回る7兆3030億円です)。幸い営業外収益1387億円が営業外費用658億円を729億円もオーバーし、結果として、経常利益1105億円を確保することができました。

ところが、経営環境は相変わらず厳しいのです。特に国内の薄型テレビの需要が低迷したままです。また、半導体、携帯電話、回路基盤などの赤字が続いているのです。

133頁の図表8-1をご覧ください。注目すべきは、関係会社株式評価損です。その額は、なんと6365億円という巨額です。これは、主に三洋電機に係るものと考えられます。同社は、欠損金(2011年9月30日時点での繰越欠損金は、単体7029億円、連結1兆811億円)の補塡を目的に2013年2月3日付で、それまでの資本金3222億円をわずか4億円へと大幅に減資しました。有価証券報告書によると、前期の2012年3月期においてパナソニックが保有する三洋電機株は8115億7200万円でしたが、当期の2013年3月期は1530億8700万円です。その評価減は6584億8500万円です。

そして、前期までの関係会社債務超過引当損に代わる「関係会社事業損失引当金繰入額」を1140億円も計上しました(勘定科目名の変更理由は明らかにされていません。〝かっこ悪い〟からでしょうか?)。これは、債務超過の関係会社(主にテレビ事業関連の子会社)に対する将来の損失に備えるための損失見積額です。加えて、投資有価証券売却損(263億円)と関係会社株式売却損(15億円)それに土地・建物の売却損(21億円)も計上しました

（これらの売却損の計上は興味あるところです。パナソニックが「損切り」することはめったにありません。三洋電機の減資とともに新経営陣による「膿《うみ》を出す決意」と受け止めます）。さらに、国内の半導体事業に係る生産設備などの減損損失（150億円）と事業構造改革特別損失（154億円。主に早期退職一時金と拠点再編に係る損失）も計上しました。特別損失は合計8111億円というとてつもない金額です。

一方、136頁の**図表8－2**によると、投資有価証券売却益（200億円）と関係会社株式売却益（23億円）それに固定資産売却益（216億円）の計439億円を計上、さらにパナソニックエレクトロニックデバイスとパナソニックエレクトロニックデバイスジャパンを吸収合併したことによる抱合せ株式消滅差益317億円を発生させ、加えて新たに退職給付信託設定益28億円（退職金や年金の支払いのために使用される「年金資産」の積立不足を解消するために、保有する有価証券を信託銀行に拠出したことに伴う当該有価証券の時価と帳簿価額との差額のこと。年金資産は貸借対照表には現れません）も計上、合計785億円の特別利益を実現しました。

しかし、まったく効果がありません。税引前当期純損失は6220億円、これに税金費用373億円を加算、**当期純損失は当社史上最大の6593億円となりました。連結当期純損失も、前期の最高記録7721億円を179億円下回るものの7542億円と巨額です。**

(2) 2014(平成26)年3月期――過去最大の特別利益

2014年3月期における世界経済は、欧州での持ち直しの動きや米国の株高と堅調な個人消費、日本においても株高・円安の進展に加え消費増税前の駆け込み需要などがあり、全体として緩やかな景気拡大にありました。その結果、当期の売上高は4兆846億円(前期比1677億円増)と3年振りに4兆円台を回復、営業利益703億円(前期比327億円増)、経常利益1451億円(前期比346億円増)と明るい兆しが見えました。

しかしながら、赤字事業であるテレビ、半導体、携帯電話、回路基板、光デバイスに係る関係会社の株式評価損(1127億円)と債務超過にあるテレビ事業関連の子会社に対する事業損失引当金繰入額(966億円)の計2093億円、減損損失(483億円。主に国内のテレビ事業や半導体事業の生産設備に係るもの)と事業構造改革特別損失(341億円。うち早期退職一時金78億円、国内拠点の再編に伴う損失263億円)、合計2919億円もの特別損失が今期も発生しました。経常利益の約2倍の損失です。

そこで、投資有価証券売却益(200億円)と関係会社株式売却益(452億円)それに固定資産売却益(294億円)の計946億円を計上(3項目の合計は、2009年3月期87億円、2010年3月期238億円、2013年3月期439億円であり、大きく増加しています）。そして、パナソニックモバイルを吸収合併したことによる抱合せ株式消滅差益（３６４億円）と前期に引き続き退職給付信託設定益１０３億円も計上、合計１４１５億円という過去最大の特別利益を生み出しました。

しかし、結果として当期純損失は２５９億円です。連続６期目の赤字ですが、前２期の純損失（５２７０億円と６５９３億円）からは大幅に回復しました。

連結売上高は前期を４３３５億円上回る７兆７３６５億円、連結当期純利益は１２０４億円です。１０００億円を超える黒字は６年振りです。

(3) 2015（平成27）年3月期――「V字回復」？

当期の売上高は３兆８５２４億円とまた４兆円を下回りましたが、営業利益は８３０億円（前期７０３億円）です。経常利益は１９０２億円（前期１４５１億円）です。これは、営業外収益１７３６億円が営業外費用６６４億円を１０７２億円も上回ったからです。

ところが、当期も関係会社株式評価損（５６７億円）と関係会社事業損失引当金繰入額（７６５億円）を計上せざるを得なかったのです（両者の合計は、前期に比し７６２億円減少していますが、それでも１３３２億円という大きな額です）。そして、関係会社株式売却損（14億円）と減損損失（43億円）、事業構造改革特別損失（67億円）も、これまでと同様に計上したのです。さらに、家庭用ヒートポンプ給湯機の点検・修理などに要した特別市場対策費（279億円）と訴訟関連損失（262億円。独占禁止法や海外腐敗行為防止法、米国証券諸法などに関連するもの）も初めて登場しました。合計2000億円の特別損失が今期も発生したのです。

そこで、投資有価証券売却益（14億円）と関係会社株式売却益（292億円）、それに固定資産売却益（434億円）の合計741億円（前期は合計946億円）の特別利益を計上しました。

その結果、どうにか当期純利益82億円を確保することができました。7年振りの黒字です。経営陣にしてみれば、単体においてもなんとしても黒字化したかったのでしょう。固定資産売却益434億円は過去7年間の最高額です（図表8－2）。また、関係会社株式売却益292億円も、前期（452億円）ほどではないですが、過去第2位の記録です。

連結売上高は前期をわずかに下回る7兆7150億円（前期比215億円減）、連結当期純利益は1794億円で前期（1204億円）に続き黒字です。一部マスコミは「V字回復」と報じました。しかし、売上高の減少や特別利益の内容を考えると少し甘い判定です。

(4)　２０１６（平成28）年３月期――長いトンネルからの脱出！

売上高は３兆７８２２億円（前期比７０２億円減）、営業利益は７１８億円（前期比１１２億円減）で、ともに前期より若干後退しています。しかし、営業外収益２０６６億円が営業外費用６４７億円を１４１９億円も上回り（営業利益の約２倍）、経常利益２１３７億円を計上することができました。

一方、関係会社株式評価損（99億円）、債務超過にあるテレビ事業に係る関係会社事業損失引当金繰入額（１４５５億円。前期に比し６９０億円増加）、減損損失（26億円）、事業構造改革特別損失（17億円）、訴訟関連損失（２６４億円）が今期も発生、合計１８６２億円の特別損失を計上しました。経常利益（２１３７億円）でカバーできますが、税金費用などを控除すると赤字です。そこで、関係会社株式売却益（40億円）と固定資産売却益（31億円）の合計72億円という比較的少額の特別利益を計上しました。

その結果、当期純利益はわずか37億円でした。しかし、連結当期純利益は１９１２億円で、前期の１７９４億円と前々期の１２０４億円を上回りました。

(5) 2017(平成29)年3月期――巨額な「関係会社株式売却益」

売上高は過去17年間で最低の3兆6552億円(連結売上高も2006年3月期以降2番目に低い7兆3437億円。最低は2013年3月期の7兆3030億円で、その差は407億円)、営業利益も前年比259億円減の459億円でした。しかし、営業外収益2431億円が営業外費用414億円を2017億円も上回った結果(営業利益の4・4倍)、経常利益は2476億円で過去17年間の最高です。

ところが、関係会社株式評価損(77億円)や減損損失(34億円)、訴訟関連損失(230億円)、そして「関係会社貸倒引当金繰入額」(1669億円。この新たな勘定科目は関係会社に対する債権の回収不能見込額で、これまでの関係会社事業損失引当金繰入額に代わるものです)の合計2011億円の特別損失が今期も発生しました。図表8－1で見るように、2000億円台の特別損失は依然として〝アブノーマル〟です。

そして、投資有価証券売却益409億円(この中には電気自動車の製造会社テスラモーターズ(Tesla, Inc.)の株式売却益も含まれます)と土地売却益(157億円)を計上、さらに、パナソニックセミコンダクターソリューションズの車載モジュール事業を吸収分割し抱合せ株式消滅差益(47億円)を発生させ、合計613億円の特別利益を確保、加えて、関係会社株式売却益3136億円を実現させました。特別利益は合計3749億円です。

その結果、当期純利益は4434億円です。過去17年間の最大の金額ですが、これは関係会社株式売却益によるところが大きいのです。また、連結当期純利益は1724億円です。

その関係会社株式売却益3136億円のうち主な取引は、以下のとおりです。

パナソニックは、北米の子会社であるパナソニックノースアメリカの株式を100％子会社であるパナソニックホールディングオランダ㈲に7370億8400万円で譲渡し、関係会社株式売却益2997億5400万円を計上しました。その売却理由について、パナソニックは「今後の海外における成長戦略加速への対応と、国内外子会社の投資・回収管理を強化するため、持株体制を再編することによるものです」と説明しています。

(6)　2018（平成30）年3月期——18年間の最高

当期は、売上高4兆560億円（連結売上高7兆9821億円。連単倍率1・96倍）、営業利益1962億円、営業外収益1879億円、営業外費用631億円、経常利益3210億円、特別利益41億円、特別損失774億円、当期純利益1740億円と好業績です。

特別損失は、関係会社株式評価損（40億円）と関係会社貸倒引当金繰入額（722億円）、

それに減損損失（11億円）の3項目です。特別利益は固定資産売却益（34億円）と抱合せ株式消滅差益（6億円）の2項目です。「激動の特別損益の時代」は終わったようです。

図表7－1で見るように、売上高が4兆円を回復したのは4年振りです。連結売上高7兆9821億円も最近7期間の最高です。そして、特筆すべきは営業利益1962億円と経常利益3210億円です。両者とも過去18年間で最大です。また、当期純利益1740億円も、2015年3月期の82億円、2016年3月期の37億円、2017年3月期の4434億円（異常な関係会社株式売却益約3000億円をマイナスすると約1400億円）と比べると大きな成果です。連結当期純利益2520億円も、過去18年間の最高2818億円（2008年3月期）に次ぐ第2位の記録です。

2 巨額な特別損失の推移と特別利益の実現

これまでの分析で明らかなように、パナソニックの最大の問題は、巨額な特別損失の発生です。図表8－1をご覧ください。

過去10年間の特別損失には、2009年3月期の「社名変更・ブランド統一費用」（151

図表8－1 特別損失

（単位：百万円）

項　目	2009.3	2010.3	2011.3	2012.3	2013.3
投資有価証券評価損	38,519	494	5,421	—	—
投資有価証券売却損	—	—	4,243	19,737	26,334
関係会社株式評価損	66,983	52,826	64,133	—	636,524
関係会社債務超過引当損	78,236	76,290	58,250	394,974	—
関係会社事業損失引当金繰入額	—	—	—	—	114,096
関係会社貸倒引当金繰入額	—	—	—	—	—
関係会社株式売却損	—	—	—	—	1,555
減損損失	11,602	16,464	—	74,559	15,050
事業構造改革特別損失	7,010	7,640	2,191	46,047	15,465
社名変更・ブランド統一費用	15,154	—	—	—	—
土地売却益修正損	5,315	—	—	—	—
特別震災対策費用	—	—	5,035	—	—
固定資産売却損	—	—	—	—	2,104
合併に伴う損失	—	—	—	60,361	—
合　計	222,819	153,714	139,273	595,678	811,128

項　目	2014.3	2015.3	2016.3	2017.3	2018.3
投資有価証券評価損	—	—	—	—	—
投資有価証券売却損	—	—	—	—	—
関係会社株式評価損	112,735	56,745	9,952	7,750	4,055
関係会社債務超過引当損	—	—	—	—	—
関係会社事業損失引当金繰入額	96,681	76,522	145,512	—	—
関係会社貸倒引当金繰入額	—	—	—	166,906	72,259
関係会社株式売却損	—	1,441	—	—	—
減損損失	48,361	4,372	2,657	3,490	1,152
事業構造改革特別損失	34,182	6,763	1,718	—	—
社名変更・ブランド統一費用	—	—	—	—	—
土地売却益修正損	—	—	—	—	—
特別震災対策費用	—	—	—	—	—
固定資産売却損	—	—	—	—	—
合併に伴う損失	—	—	—	—	—
訴訟関連損失	—	26,292	26,451	23,013	—
特別市場対策費	—	27,943	—	—	—
合　計	291,959	200,078	186,290	201,159	77,466

億円、113頁）や2011年3月期の「特別震災対策費用」（50億円、118頁）、2015年3月期の「特別市場対策費」（279億円、128頁）のような臨時的・偶発的に発生した事象に係る損失も見られます。

また、最近3年間は「訴訟関連損失」を計上していました。新聞報道によると、航空機向けの娯楽システムを提供するパナソニックの米国子会社が、ある国の国営航空会社との7億ドル規模の契約成立のために政府関係者を自社の顧問として雇用しましたがその報酬を隠蔽しており、米証券取引委員会（SEC）は外国公務員への贈賄を禁止・処罰する海外腐敗行為防止法違反として2億8060万ドル（約310億円）の制裁金を科すと発表、パナソニックも支払いに同意したとのことです（日本経済新聞、2018年5月1日、夕刊）。したがって、2018年3月期には消えました。

しかしながら、この間連続して発生していたのは、「投資有価証券評価損」と「投資有価証券売却損」、「関係会社株式評価損」と「関係会社債務超過引当損」（2013年3月期に**「関係会社事業損失引当金繰入額」に変更（124頁）、さらに2017年3月期に「関係会社貸倒引当金繰入額」に変更**）、加えて、「減損損失」と「事業構造改革特別損失」です。

投資有価証券評価損は2011年3月期に、投資有価証券売却損は2013年3月期に終息しました。そして、減損損失は2009年3月期以降1期間を除き現在まで9期間計上されていますが縮小傾向にあり、事業構造改革特別損失も２００９年３月期以降８期連続して発生していましたが２０１７年３月期には消えました。

問題は、関係会社株式評価損と関係会社貸倒引当金繰入額です。

前者の関係会社株式評価損については、２００９年３月期以降２０１５年３月期までの７期間は５００億円から１１００億円の範囲で推移し、２０１３年３月期は６３６５億円と巨額でした（１２４頁）。しかし、２０１６年３月期は99億円、２０１７年３月期は77億円、直近の２０１８年３月期40億円と落ち着きを見せています。

一方、後者の関係会社貸倒引当金繰入額（１３０頁と１３４頁の太字部分を参照してください）については、この10期間連続して６００億円から１６００億円（２０１２年３月期は３９４９億円）を計上しています。これは、各期の期末現在の関係会社貸倒引当金を計上するために、すでに前期に引き当てている金額に追加計上したものです。関係会社貸倒引当金は、主にテレビ事業関連の債務超過の関係会社に対する債権の貸倒損失見積額です。依然として大問題です。重要な債務超過関係会社については次章で検討します。

次頁の**図表8－2**をご覧ください。

前述のような巨額な特別損失を少しでもカバーするために、特別利益を捻出したのです。

つまり、投資有価証券と関係会社株式、それに固定資産を売却、それぞれの売却益を実現さ

図表8－2　特別利益

（単位：百万円）

項　目	2009.3	2010.3	2011.3	2012.3	2013.3
投資有価証券売却益	1,125	3,751	6,326	11,627	20,041
関係会社株式売却益	6,923	4,083	—	—	2,338
固定資産売却益	714	16,123	1,408	—	21,605
抱合せ株式消滅差益	118,466	3,878	—	—	31,756
退職給付信託設定益	—	—	—	—	2,802
合　計	127,228	27,835	7,734	11,627	78,542

項　目	2014.3	2015.3	2016.3	2017.3	2018.3
投資有価証券売却益	20,045	1,436	—	40,915	—
関係会社株式売却益	45,215	29,293	4,086	313,612	—
固定資産売却益	29,499	43,432	3,135	15,758	3,472
抱合せ株式消滅差益	36,400	—	—	4,671	655
退職給付信託設定益	10,376	—	—	—	—
合　計	141,535	74,161	7,221	374,956	4,127

せたのです。そして、〝究極のテクニック〟と言っては皮肉のようですが、子会社を吸収合併することによって「抱合せ株式消滅差益」を発生させたのです。

抱合せ株式消滅差益については114頁で説明しました。

パナソニックは、2009年3月期において松下冷機と松下電池工業を吸収合併したことにより1184億円もの抱合せ株式消滅差益を発生させたのです。パナソニックは合併のタイミングを見計らっていたのでしょう。前期（2008年3月期）の好業績（112頁）から一転する特別損失（２２２８億円、１１３頁）の発生を予期して両社を吸収合併し、抱合せ株式消滅差益を発生させることによって当期純損失を少しでも減らそうとしたのではないかと推測することも、あながち誤りとはいえないでしょう。

翌２０１０年３月期には、パナソニックセミコンダクターデバイスソリューションズを吸収合併し、抱合せ株式消滅差益38億円を生み出しました。

一方で、２０１２年３月期には抱合せ株式消滅差損５５９億円も計上しています（１２０頁）。

また、２０１３年３月期には、パナソニックエレクトロニックデバイスとパナソニックエレクトロニックデバイスジャパンを吸収合併し３１７億円を、翌２０１４年３月期にも、パナソニックモバイルを吸収合併したことにより３６４億円の抱合せ株式消滅差益を実現させたのです。両期ともかなりの金額です。

さらに、２０１７年３月期には、パナソニックセミコンダクターソリューションズの車載モジュール事業を吸収分割しパナソニックへ承継したことにより抱合せ株式消滅差益46億円を、２０１８年３月期には、パナソニックデバイス郡山と四日市を吸収合併したことならびにパナソニックシステムソリューションズジャパンにおける一部事業をパナソニックへ承継したことにより6億円を計上しています。

このように、２００９年３月期以降２０１８年３月期までの10期間において７回の吸収合併を実行、抱合せ株式消滅差益合計１９５８億円、抱合せ株式消滅差損５５９億円を計上しています。

吸収合併は持続的価値の創造を目指す企業改革の手段であり、単に損失を補塡するための方法ではありません。パナソニックもそう主張するでしょう。しかし、抱合せ株式消滅差益を実現させた当該期間（特に２００９年３月期（１１２頁）とどん底にあった２０１３年３月期及び２０１４年３月期（１２３、１２６頁））の特別損失の状況を考慮すると、そう解釈されても一概には否定できないでしょう。

第9章

パナソニック物語③
——完全復活のカギはテレビ事業と三洋電機⁉

図表9－1は、2018（平成30）年6月28日に大阪城ホールで開かれたパナソニックの第111回定時株主総会に提出された同年3月31日現在の貸借対照表です。連結貸借対照表ではありません。

課長！　貸借対照表を3分間眺め、パナソニックの財政状態を診断してください。

1　パナソニックの財政状態を診断する

私は、次のように診ます。

図表９－１　パナソニック株式会社の貸借対照表

貸借対照表（平成30年３月31日現在）

（単位：百万円）

科目	金額
資産の部	
流動資産	**1,019,157**
現金及び預金	23,250
受取手形	10,028
売掛金	434,716
商品及び製品	159,687
仕掛品	20,103
原材料及び貯蔵品	50,264
未収入金	139,170
関係会社短期貸付金	21,321
繰延税金資産	87,169
その他	76,553
貸倒引当金	△3,104
固定資産	**3,408,524**
有形固定資産	**(421,274)**
建物	156,945
構築物	4,934
機械及び装置	80,482
車両運搬具	265
工具，器具及び備品	36,314
土地	121,933
リース資産	4,711
建設仮勘定	15,690
無形固定資産	**(48,970)**
特許権	2,401
ソフトウエア	44,256
施設利用権	2,313
投資その他の資産	**(2,938,280)**
投資有価証券	62,025
関係会社株式	690,868
出資金	8
関係会社出資金	858,996
投資損失引当金	△7,957
関係会社長期貸付金	2,204,572
繰延税金資産	62,495
その他	11,196
貸倒引当金	△943,923
資産合計	**4,427,681**

科目	金額
負債の部	
流動負債	**2,144,996**
支払手形	135,876
買掛金	434,813
関係会社短期借入金	133,120
短期社債	240,000
１年内償還予定の社債	100,000
リース債務	2,209
未払金	28,088
未払費用	377,095
未払法人税等	16,543
前受金	2,745
預り金	548,215
賞与引当金	57,530
販売促進引当金	34,580
製品保証引当金	16,986
関係会社事業損失引当金	1,272
その他	15,924
固定負債	**902,984**
社債	830,000
リース債務	3,176
退職給付引当金	45,628
長期預り金	22,878
その他	1,302
負債合計	**3,047,980**
純資産の部	
株主資本	**1,358,177**
資本金	**258,740**
資本剰余金	**558,948**
その他資本剰余金	558,948
利益剰余金	**751,385**
利益準備金	21,120
その他利益剰余金	730,265
繰越利益剰余金	730,265
自己株式	**△210,896**
評価・換算差額等	**20,300**
その他有価証券評価差額金	19,734
繰延ヘッジ損益	566
新株予約権	**1,224**
純資産合計	**1,379,701**
負債純資産合計	**4,427,681**

(1)　〝パナソニック・ファミリー〟の「絆《きずな》」

最大の特徴は、固定資産の「投資その他の資産」（2兆9382億円）が総資産（4兆4276億円）の66・3％を占めているということです。これは、総資本の66％を超える金額が投資その他の資産に投下されているということです。

そして、資産のうち「関係会社」に係る勘定科目に注目すると、関係会社短期貸付金213億円、関係会社株式6908億円、関係会社出資金8589億円（オランダ・中国・ブラジルなどの関係会社への出資金）、関係会社長期貸付金2兆2045億円の4つで、その合計は3兆7755億円です。実に総資産全体の85・2％（3兆7,755億円÷4兆4,276億円）が関係会社に投下されているのです。まさに、〝パナソニック・ファミリー〟が形成されているのです。つまり、105頁で指摘したように、連結会計上のパナソニック・ファミリーは、2018年3月31日現在、親会社パナソニックと子会社591社および関連会社88社、合計680社です。

(2) 関係会社長期貸付金の存在

貸付金に注目しましょう。関係会社短期貸付金が213億円、関係会社長期貸付金が2兆2045億円もあります。この合計2兆2258億円は、総資産（総資本）全体の50・2%（2兆2,258億円÷4兆4,276億円）も占めています。後者の関係会社長期貸付金は回収期間が1年を超えるものですが、前期は2兆584億円だったので、1年間に1461億円も増加しています。そして、その関係会社長期貸付金については、なんと9439億円もの貸倒引当金が計上されているのです。関係会社貸倒引当金は前期の8585億円から854億円も増加し、その引当率も41・7%から42・8%に上昇しています。関係会社への長期貸付金のうち約43%については回収に問題ありとしているのです。

しかしながら、貸付先の関係会社名とその金額は明らかにされていません。株主総会提出用の計算書類を規制する「会社計算規則」と有価証券報告書に掲載される財務諸表の作成方法を規制する「財務諸表等規則」も、ともに要求していないのです。

関係会社長期貸付金については、次の**2**で分析します。

(3)　１兆円超の社債と自己株式所有率

貸借対照表の負債の部の社債と純資産の部の自己株式をご覧ください。社債の残高は、１兆１７００億円（短期社債２４００億円、１年内償還予定の社債１０００億円、固定負債としての社債８３００億円）と巨額です。２００９年から２０１１年にかけて三洋電機とパナソニック電工を完全子会社化するための株式公開買付資金を調達するために社債約９０００億円を発行し、２０１６年には米国でテスラモーターズ（１３０頁）と共同で建設する車載電池工場のための資金として社債４０００億円を発行したのです。10年前の２００８（平成20）年３月期の社債は１０００億円でした。

自己株式の効用については94頁で説明しました。パナソニックの自己株式は、２０１１年３月末時点では６７１６億円もありました。当時は自社の筆頭株主で、その保有比率15・６％は、上場会社において第２位でした（第１位はファナック㈱の18・３％。日本経済新聞、２０１１年２月21日夕刊）。パナソニックは、この自己株式を三洋電機とパナソニック電工を完全子会社化（２０１１年４月１日付）するための株式交換による株式の割当に充当したのです（三洋電機株１株に対してパナソニック株０・１１５株を、パナソニック電工株１株に対してパナソニック株0・925株を割り当てました)。そのため、2012年3月末では2472億円となりましたが、現在は少し減少して2108億円です。それでも自己株式保有率4・92%(自己株式1億2,071万8,300株÷発行済株式総数24億5,305万3,497株)は、自社の第3位の大株主です(第1位は日本トラスティ・サービス信託銀行(現りそな銀行と現三井住友信託銀行が共同で設立)7・17%、第2位は日本マスタートラスト信託銀行(チェース・マンハッタン銀行が設立)6・05%)。

2 巨額な関係会社貸付金の推移とその実態

以下の分析は有価証券報告書をベースにしています(60頁)。

実は、パナソニックは、有価証券報告書において、関係会社に対するすべての貸付金を「関係会社短期貸付金」としてこれまで流動資産に属するものとして表示してきました。この関係会社短期貸付金のうち、回収期日が期末日から起算して1年を超えることとなったものを「関係会社長期貸付金」として固定資産の「投資その他の資産」に表示したのは、つい最近の2017(平成29)年3月期からです(不可解な表示です)。

そして、関係会社長期貸付金は、2018年3月31日現在、2兆2045億円と巨額です。

しかし、すでに指摘したように、パナソニックの財務諸表には貸付先の関係会社名とその金額は開示されていません（142頁）。

ただし、2013（平成25）年3月期以前の有価証券報告書の「主な資産及び負債の内容」には開示されていました。そこで、次頁の図表9－2をご覧ください。5年前の2013年3月末時点におけるパナソニックの関係会社に対する貸付金の推移です（各年度の有価証券報告書より作成）。

そこで見るように、パナソニックの関係会社に対する貸付金は、今から9年前の2009（平成21）年3月期は4450億円でした。翌2010年3月期は5855億円、2011年3月期は7264億円と増加し、グループがどん底にあった2012年3月期は1兆3207億円（この年に固定資産に属する関係会社長期貸付金110億円を初めて開示）、2013年3月期は1兆4479億円（関係会社長期貸付金は28億円）でした。4年間で1兆円も増えているのです。

そして、注目すべき事実は、注記で明らかなように、2013年3月期以前の網掛けをした会社への貸付金は、現存するパナソニック液晶ディスプレイとパナソニックそしてパナソニックセミコンダクターソリューションズが引き継いだということです。

5年前の2013年3月末時点における貸付金を再掲すると図表9－3のとおりです。

図表9－2　関係会社貸付金

（単位：百万円）

会社名	2013.3	2012.3	2011.3	2010.3	2009.3
パナソニック液晶ディスプレイ㈱	489,867	460,195	277,336	—	—
三洋電機㈱	407,500	317,000	—	—	—
パナソニックプラズマディスプレイ㈱	401,138	354,794	292,074	181,900	186,561
MT映像ディスプレイ㈱	78,285	75,604	73,477	71,152	67,887
パナソニックデバイスディスクリートセミコンダクター㈱*1	13,676	—	12,770	—	—
パナソニックエレクトロニックデバイス㈱*2	—	45,600	50,748	74,700	67,337
㈱IPSアルファテクノロジ*3	—	—	—	101,050	73,120
㈱IPSアルファテクノロジ姫路*3	—	—	—	134,850	33,000
その他	57,494	67,592	20,038	21,881	17,161
関係会社短期貸付金合計	1,447,960	1,320,785	726,443	585,533	445,066
関係会社長期貸付金合計	2,832	11,020	0	0	0
合計	1,450,792	1,331,805	726,443	585,533	445,066

＊1　2014年6月1日，パナソニックデバイスディスクリートセミコンダクター㈱とパナソニックデバイスオプティカルセミコンダクター㈱は合併し，パナソニックセミコンダクターソリューションズ㈱を設立。

＊2　2012年4月1日付けでパナソニック㈱が吸収合併。

＊3　当社はテレビ用大型液晶パネルの設計・製造・販売会社であったが，2010年10月1日，パナソニック液晶ディスプレイ㈱が吸収合併。

図表9－3 2013年3月末時点の貸付金

①パナソニック液晶ディスプレイ㈱	489,867	（百万円）
②三洋電機㈱	407,500	
③パナソニックプラズマディスプレイ㈱	401,138	
④MT映像ディスプレイ㈱	78,285	
⑤パナソニックデバイスディスクリートセミコンダクター㈱	13,676	
5社合計	1,390,466	（百万円，96%）
⑥その他	57,494	（百万円，4%）
短期貸付金合計	1,447,960	（百万円，100%）

このように，上位5社で短期貸付金合計の96％を占めているのです。5社のうち4社（パナソニックプラズマディスプレイは図表9－5（151頁）で指摘するように2016年10月解散）は，2018年3月期においても存在し，しかも，次に説明するように巨額な債務超過に陥っている会社なのです。

したがって，2018年3月末現在の関係会社長期貸付金2兆2045億円の主たるものは，パナソニック液晶ディスプレイと三洋電機それにMT映像ディスプレイ，加えてパナソニックセミコンダクターソリューションズの4社に対するものであることが推測できます。

このことは，以下の重要な子会社の債務超過額の増加傾向を見ても明らかです。

3　債務超過の関係会社とその推移

株主総会に提出される貸借対照表や損益計算書には明示されていませんが、パナソニックの有価証券報告書には、債務超過（負債が純資産を上回る会社）の子会社のうち「重要な子会社の債務超過額」として、２０１８年3月31日現在、図表9－4の5社が掲載されています。

これらの5社のうち上位4社は、すでに紹介したように２０１３年3月末時点においてパナソニックから巨額な融資（貸付金）を受けていた会社です。4社の債務超過額の合計は、なんと1兆１９５２億円です。残るパナソニック プレシジョンデバイスを加えた債務超過の子会社5社に対する貸付金合計1兆２１２４億円が2の関係会社長期貸付金に含まれていることは確かでしょう。

なお、パナソニック液晶ディスプレイ（資本金5億円、１００%子会社）は、パナソニックのテレビ23型以上の液晶パネルの製造・販売会社です。三洋電機（資本金4億円、１００%子会社。１２４頁）は、パナソニック製品の製造・販売、そして材料・商品を供給する会社です。ＭＴ映像ディスプレイ（資本金３０００万円、１００%子会社）は、２００３

図表9－4 重要な子会社の債務超過額（2018年3月期）

重要な債務超過子会社	債務超過額
パナソニック液晶ディスプレイ㈱	545,899（百万円）
三洋電機㈱	510,856
MT映像ディスプレイ㈱	89,199
パナソニック セミコンダクターソリューションズ㈱	49,302
パナソニック プレシジョンデバイス㈱	17,200
合計	1,212,456（百万円）

（平成15）年4月に発足したブラウン管事業の会社です。パナソニック セミコンダクターソリューションズ（資本金4億円、100％子会社。**図表9－2の＊1**）は、半導体（センサーなど）や電子部材（LED用部材など）の製造会社です。パナソニック プレシジョンデバイス（資本金1億円、100％子会社）は、産業用プリンターのインクジェットヘッドなどの製造会社です。

資本金額と比べると、5社の債務超過額の異常な大きさがわかります。特に、パナソニック液晶ディスプレイの債務超過額は資本金5億円の約1100倍（5458億円）、三洋電機のそれは資本金4億円の約1300倍（5108億円）という巨額です。

4 最大の課題はテレビ事業と三洋電機です

パナソニックの直面する課題を明らかにするために、重要な子会社の債務超過の状況を遡って見てみましょう。

図表9－5をご覧ください（各年度の有価証券報告書より作成）。

有価証券報告書に掲載された重要な子会社の債務超過額の合計は、9年前の2009年3月期は1827億円でしたが、翌期は2倍の3829億円、2011年3月期は5278億円、どん底の2012年3月期には1兆円を超え、翌2013年3月期には1兆2053億円です。グループが巨額な損失を脱し連結当期純利益1204億円を計上した2014年3月期においても1兆3811億円、2015年3月期にも1兆4246億円、2016年3月期には1兆5208億円と「最高」を記録しました。翌2017年3月期は約3900億円減少しましたが、その理由は、図表9－5の㊟に記載したとおりパナソニックプラズマディスプレイが解散し、約5000億円もの債務超過額が消えたからです。そして、営業利益、経常利益とも過去18年間の最高を記録した2018年3月期においても、前期比約800億円増の

図表9－5　重要な子会社の債務超過額

（単位：百万円）

会　社　名	2018.3	2017.3	2016.3	2015.3
パナソニック液晶ディスプレイ㈱	545,899	536,806	514,033	502,105
パナソニックプラズマディスプレイ㈱	—	—	494,329	485,486
三洋電機㈱	510,856	469,258	412,574	341,613
MT映像ディスプレイ㈱	89,199	81,400	99,917	95,397
パナソニックセミコンダクターソリューションズ㈱	49,302	29,796	—	—
パナソニックプレシジョンデバイス㈱	17,200	14,588	—	—
合　　計	1,212,456	1,131,848	1,520,853	1,424,601

会　社　名	2014.3	2013.3	2012.3	2011.3	2010.3	2009.3
パナソニック液晶ディスプレイ㈱	487,066	455,055	426,656	180,829	—	—
パナソニックプラズマディスプレイ㈱	463,406	399,170	313,377	164,268	116,959	—
三洋電機㈱	284,454	196,229	61,343	—	—	—
MT映像ディスプレイ㈱	87,573	83,705	81,534	79,077	76,979	66,664
パナソニックセミコンダクターソリューションズ㈱	—	—	—	—	—	—
パナソニックプレシジョンデバイス㈱	—	—	—	—	—	—
三洋半導体エンジニアリング㈱	19,086	14,707	12,455	—	—	—
パナソニックSN九州㈱	14,561	10,900	—	—	—	—
三洋電機サービス㈱	14,840	15,242	15,221	—	—	—
三洋電機販売㈱	10,168	—	—	—	—	—
パナソニックAVCネットワークチェコ㈲	—	—	103,054	86,966	66,281	37,844
三洋アモルトン㈱	—	16,645	—	16,727	—	—
瀋陽三洋空調㈲	—	13,736	—	—	—	—
㈱IPSアルファテクノロジ	—	—	—	—	122,691	78,213
合　　計	1,381,154	1,205,389	1,013,640	527,867	382,910	182,721

（注）パナソニックプラズマディスプレイ㈱は，パナソニックが75%、東レが25%を出資する形で2000年10月に設立された合弁会社で，2009年第3四半期にはプラズマパネルの世界市場シェアで第1位（シェア47.6%）でした。しかし，プラズマテレビの事業環境が悪化し，パナソニックもプラズマテレビから撤退，2016年10月31日付で会社の解散が発表されました。上で見るように約5,000億円もの債務超過を抱えての解散でした。

1兆2124億円です。

このように、**重要な子会社の債務超過額は、まさに「雪だるま式」に増えているのです。**

図表9－5で明らかなように、テレビ事業に係るパナソニック液晶ディスプレイについては、2011年3月期から現在まで連続して8期間、しかも、2011年3月期の債務超過額1808億円は2018年3月期には5458億円へと3650億円も増加しています。

三洋電機についても、2012年3月期から現在まで連続して7期間、そして、2012年3月期の債務超過額613億円は2018年3月期にはなんと5108億円へと4495億円も増加しているのです。

MT映像ディスプレイの債務超過額も、2009年3月期の666億円から800~900億円で推移し、2018年3月期には891億円と225億円増え、10年間改善されていません。

パナソニック セミコンダクターソリューションズの債務超過額も、2017年3月期の297億円から2018年3月期には493億円へと、1年間に196億円も増加しています。

これら4社の債務超過額は、すでに指摘したように2018年3月期現在1兆1952億円と巨額で、しかも前期比780億円増です。

パナソニックの最近10年間は、2009年3月期から2014年3月期までの6年間の苦況との闘いであったと総括できます。すでに検討したように、連結ベースでは2014年3月期に黒字転換し、単体においても、連結より3年遅れましたが2017年3月期には足元を固め、2018年3月期には、本来の営業活動による成果である営業利益において今世紀18年間の最高である1962億円を達成しました。

パナソニックは新しいステージに立ったといえるでしょう。

とは言え、パナソニックとパナソニック・グループの直面する最大の課題が、長期貸付金の対象となっている債務超過の関係会社、すなわちテレビ関連事業会社と半導体事業会社、そして三洋電機に対する「経営改革の断行」であることは明らかです。

そして，つい最近，次のような主張にも出会いました。

「保険営業では今後ますます超高齢化が進むわけですから，AIにはできない，人と人とのウェットな信頼関係の構築が求められてくる。つまり，高次のプロフェッショナルな能力が求められてきます。……ただし，プロフェッショナルといっても専門バカになってもらいたくない。その領域のプロではあっても別の領域のプロを尊敬し，全体の動きを把握できるジェネラルな知識・能力が求められます。高い専門性＋ジェネラルです」（日本生命保険相互会社会長筒井義信「日本の大企業トップ29人が語る私の人材論 ─ いる社員，いらない社員」『プレジデント』2018年4月30日号，31頁）。

課長！　自らの専門領域に自信が持てると，その時にこそ，これだけではだめだ，ということにも気付くのです。間口を広げなければならない，と知るのです。

コラム③　プロフェッショナル＋α

関本忠弘 NEC 会長（当時）が「V字型人間になれ」と主張しておられました。

「V字型というのは，例えば穴を掘るとき，垂直に深く掘り下げていくと，穴の回りが自然に崩れていっそう深く掘りやすくなります。それを横から見るとVの字に見えます。これと同じように，専門領域を深く掘り下げていった人は，その周囲の分野のことについても自然に知識が広がって，間口が広い複合的視野をもつ人になることができます」（関本忠弘著『感じて信じて行動しよう』日刊工業新聞社，1998年，56頁）。

これだ，と思いました。

会計学の中でも狭い領域である監査論，わけてもアメリカ公認会計士監査制度の展開という極めて特殊な領域を研究する私は，公認会計士監査制度を取り巻く各時代の政治的，経済的，社会的，文化的状況も理解しないとだめだ，と気付いたのです。

第10章 パナソニック物語④ ――なぜ、給与が上がらないの？

1 パナソニックとグループの過去18年間の財政状態の推移

パナソニックとグループの過去18年間の財政状態の推移を概観しましょう。〝キーワード〟は、総資産、利益剰余金、自己資本比率です。

次頁の図表10－1をご覧ください。（）は連結総資産と連結利益剰余金です。参考までに日立のデータも掲載します。

図表10－1　パナソニックと日立の総資産・利益剰余金・自己資本比率の推移

決算期	パナソニック			日立製作所		
	総資産（億円）	利益剰余金（億円）	自己資本比率（%）	総資産（億円）	利益剰余金（億円）	自己資本比率（%）
2001.3	45,995	21,626	59.1	41,192	10,639	40.3
2002.3	45,659	20,040	55.9	39,231	7,827	34.8
2003.3	50,628	20,537	54.7	38,250	8,028	35.9
2004.3	52,179	20,838	54.4	37,083	8,237	37.0
2005.3	49,205	21,217	56.5	37,525	7,844	36.4
2006.3	49,912 (79,646)	21,028 (26,634)	54.9	38,342 (100,211)	7,848 (17,782)	36.6
2007.3	48,166 (78,969)	21,464 (28,256)	51.5	38,739 (106,442)	5,784 (17,137)	28.8
2008.3	46,044 (74,436)	21,774 (30,381)	52.3	36,599 (105,308)	4,306 (16,264)	26.4
2009.3	44,422 (64,033)	20,225 (25,721)	48.0	36,737 (94,037)	1,161 (8,204)	18.2
2010.3	45,652 (83,580)	18,448 (24,427)	44.6	33,276 (89,644)	810 (7,134)	26.7
2011.3	50,654 (78,228)	17,742 (24,961)	38.4	31,463 (91,856)	1,227 (9,220)	29.9
2012.3	55,729 (66,010)	10,584 (15,356)	29.5	33,315 (94,185)	3,501 (12,421)	36.3
2013.3	48,374 (53,978)	3,874 (7,698)	20.2	34,234 (98,092)	3,611 (13,707)	37.9
2014.3	46,720 (52,129)	3,499 (8,787)	20.4	35,700 (110,981)	3,600 (15,873)	38.5
2015.3	46,790 (59,569)	2,928 (10,212)	19.3	37,493 (124,337)	3,898 (14,775)	37.3
2016.3	49,352 (55,969)	2,502 (11,652)	17.8	38,686 (125,510)	3,968 (16,097)	35.6
2017.3	40,992 (59,829)	6,356 (10,514)	30.7	40,702 (96,639)	4,365 (17,935)	36.8
2018.3	44,276 (62,911)	7,513 (13,003)	31.1	40,408 (101,066)	5,051 (21,053)	37.9

（注）パナソニックの連結総資産と連結利益剰余金については，2006年３月期～2015年３月期は「米国会計基準」，2016年３月期～2018年３月期は「国際財務報告基準」（IFRS）による。日立については，2014年３月期以降はIFRSによる。

(1) 総資産

貸借対照表の総資産は「会社の規模」を表していると言いました（69頁）。パナソニック（単体）の2001年3月期から現在までの18年間における総資産はおおむね4兆円と5兆円の間にあり、5兆円を超えたのは4期のみです。しかも、最近6期間は5兆円には届かず、2017年3月期の4兆992億円は18年間の最低です。直近の2018年3月期は4兆4276億円です。

前章において、パナソニックの2018年3月期における財政状態を診断し、〝パナソニック・ファミリー〟が形成されていること、巨額な関係会社長期貸付金が存在し、そのうち約43％については回収に問題があること、社債の残高も1兆1700億円と巨額であることを指摘しました（141頁）。

次頁の図表10－2をご覧ください。パナソニックの資産構成の推移です。

まず、〝パナソニック・ファミリー〟を形成している「投資その他の資産」に注目してください。それが総資産に占める割合は、18年前の2000年3月期は52・0％でした。その後もおおよそ50％台でしたが、2012年3月期に50％を割り、2013年3月期は40・2％、2014年3月期から2016年3月期までの3期間は30％台、と大きく後退しました。

図表10－２　パナソニックの資産構成

（単位：億円）

決算期	流動資産	固定資産	有形固定資産	無形固定資産	投資その他の資産	総資産
2000.3	17,964	26,874	3,439	107	23,326(52.0%)	44,838
2002.3	17,592	28,067	4,652	304	23,110(50.6)	45,659
2004.3	20,542	31,636	4,007	297	27,331(52.3)	52,179
2005.3	16,416	32,789	3,915	275	28,598(58.1)	49,205
2006.3	21,364	28,548	3,566	306	24,676(49.4)	49,912
2007.3	18,539	29,626	3,385	498	25,742(53.4)	48,166
2008.3	17,397	28,646	3,195	541	24,909(54.1)	46,044
2009.3	17,695	26,727	4,082	491	22,153(49.8)	44,422
2010.3	16,616	29,036	3,745	608	24,682(54.0)	45,652
2011.3	17,525	33,128	3,563	582	28,982(57.2)	50,654
2012.3	22,230	33,499	5,734	450	27,314(49.0)	55,729
2013.3	22,838	25,536	5,598	443	19,494(40.2)	48,374
2014.3	25,731	20,988	4,896	357	15,735(33.6)	46,720
2015.3	25,808	20,982	4,259	330	16,392(35.0)	46,790
2016.3	26,236	23,116	4,193	338	18,584(37.6)	49,352
2017.3	9,902	31,090	3,962	395	26,732(65.2)	40,992
2018.3	10,191	34,085	4,212	489	29,382(66.3)	44,276

（注）　投資その他の資産の（%）は，総資産に対する比率です。

ただし、注意が必要です。

流動資産を見てください。２０１１年３月期の１兆７５２５億円は２０１２年３月期には２兆２２３０億円と１年間で４７００億円も増加し、２０１６年３月期には２兆６２３６億円と大きく膨らみました。５年間で８７００億円も増加したのです。その主たる要因は、すでに

144頁以降で検討したように、関係会社に対する貸付金です。そして、関係会社貸付金は2016年3月期まで「流動資産」に計上されていたのですが、回収が1年を超える貸付金については、2017年3月期から固定資産の「投資その他の資産」に移されました。2017年3月期の流動資産9902億円（前期比1兆6000億円強の減少）はそのためです。

この点を考慮すると、投資その他の資産の総資産に占める割合、2017年3月期の65・2％と直近の2018年3月期の66・3％は、異常ではなく継続して高まっているということです。〝パナソニック・ファミリー〟の「絆《きずな》」はいっそう強まっているのです。と同時に、その絆の「弱さ」も抱えているのです。巨額な債務超過に陥っている関係会社があるからです（前章で検討しました）。

そして、パナソニックの固定資産の増減は、図表10－2で見るように、まさに「投資その他の資産」の増減です。その投資その他の資産の状況は、次頁の図表10－3のとおりです。

投資有価証券と関係会社株式の減少が目立っています。投資有価証券については、業績が絶好調の2007年3月期（112頁）の6619億円は、直近の2018年3月期では620億円と、6000億円も減少しています。そして、関係会社株式も2005年3月期の2兆1056億円は、直近では7000億円弱です。1兆4000億円以上も減っているのです。両者合わせて2兆円もの減少です。第7章と第8章で検討したように、業績の悪化により

図表10－3　投資その他の資産

（単位：億円）

決算期	投資有価証券	関係会社株式	関係会社出資金	関係会社長期貸付金	その他	貸倒引当金	合計
2005.3	4,497	21,056	2,445	—	600	—	28,598
2006.3	6,181	14,137	2,651	—	1,707	—	24,676
2007.3	6,619	13,929	3,499	—	1,695	—	25,742
2008.3	4,720	13,605	3,945	—	2,639	—	24,909
2009.3	2,971	12,757	4,086	—	2,339	—	22,153
2010.3	3,501	15,780	4,084	—	1,317	—	24,682
2011.3	2,980	20,875	4,286	—	841	—	28,982
2012.3	2,289	19,034	4,712	—	1,279	—	27,314
2013.3	879	12,410	5,272	—	933	—	19,494
2014.3	667	9,450	5,122	—	496	—	15,735
2015.3	787	10,345	5,124	—	136	—	16,392
2016.3	886	12,236	5,201	—	261	—	18,584
2017.3	564	7,940	5,498	20,584	731	△8,585	26,732
2018.3	620	6,908	8,589	22,045	659	△9,439	29,382

投資有価証券と関係会社株式を大幅に評価減したこと、そして特別損失を少しでもカバーするためにそれらの株式を売却したからです。

なお、関係会社株式について、２０１１年３月期における前期比約５０００億円の増加は、主として三洋電機と松下電工の完全子会社化に伴うものです（１４３頁）。そして、２０１３年３月期における前期比約６６００億円の減少は、三洋電機の減資に係るものです（１２４頁）。

また、２０１７年３月期以降の関係会社長期貸付金の登場は、それが流動資産から固定資産の投資その他の資産に移されたからです。同時に巨額な貸倒引当金が設定されました。

そして、図表10－1をもう一度ご覧ください。

パナソニック・グループの総資産（連結総資産）の最高額は、２０１０年３月期の８兆３５８０億円です。２００９年12月に三洋電機の議決権の過半数を取得し子会社化したからです。しかし、その後は巨額の赤字（２００９年３月期連結当期純損失３７８９億円、２０１０年３月期連結当期純損失１０３４億円、２０１２年３月期連結当期純損失７７２１億円、２０１３年３月期連結当期純損失７５４２億円と、４年間で２兆円を超える赤字）の原因である投資有価証券評価損や売却損、関係会社株式評価損の計上、収益性の低下した固定資産の帳簿価額の切り下げ（減損損失）、そして関係会社引当金を計上したため、総資産は２０１４年３月期には５兆２１２９億円と大きく減少しました。２０１０年３月期からの４年間でなんと３兆１４００億円もの減少です。なお、直近の２０１８年３月期は６年振りの６兆円台です。

日立（単体）の総資産も、17年前の２００１年３月期は４兆１１９２億円でした。しかし、翌年度から４兆円を割り２０１１年３月期には３兆１４６３億円となり、10年間で１兆円も減少したのです。58頁の図表４－２で見たように、２００１年３月期の売上高４兆１５８億円は２０１１年３月期には１兆７９５３億円となり、10年間で２兆２２００億円も減少したからです。売上高の減少は売掛金や棚卸資産の減少をもたらし、そして、工場建設や機械装置などへの投資を抑制させるからです。

その後は業績が回復し、２０１７年３月期の総資産は実に16年振りに４兆円台となり、直近の２０１８年３月期も４兆円台をキープしています。

そして、日立グループの総資産（連結総資産）も２００６年３月期から２００８年３月期までは10兆円を超えていましたが、２００９年３月期には10兆円を割り、翌２０１０年３月期は９兆円も割り込みました。４期連続の赤字が要因です（２００７・３――連結当期純損失３２７億円、２００８・３――連結当期純損失５８１億円、２００９・３――連結当期純損失７８７３億円（当時の製造業史上最大）、２０１０・３――１０６９億円）。しかし、２０１１年３月期以降は徐々に右肩上がりに転じ、２０１３年３月期はほぼ10兆円、２０１４年３月期は11兆円、２０１５年３月期と翌２０１６年３月期には12兆円を超えました。なお、２０１７年３月期は前期より２兆９０００億円も減少し９兆６６３９億円ですが、これは、長期および短期の借入金を返済したからです。直近の２０１８年３月期は前期比４４００億円増の10兆１０６６億円です。

課長！　総資産は業績を反映しています。パナソニックにしても日立にしても、そして単体も連結も、業績の動きに合わせて増えたり減ったりするのです。

(2) 利益剰余金

利益剰余金は会社設立以来の毎期の利益留保の累積額です（77頁）。

図表10－1で見るように、パナソニック（単体）の利益剰余金は、2001年3月期から2009年3月期までの9年間は2兆円を少し超える水準で波を打っていました（その間の業績は111頁を参照）。しかし、2010年3月期には1兆8448億円と2兆円を割り、以降連続して減少、2016年3月期にはわずか2502億円となり、2008年3月期の2兆1774億円から約2兆円も減少したのです。2009年3月期以降6期連続の損失を利益剰余金で穴埋めし、しかも、この全6期間、利益剰余金を取り崩して配当してきたからです（2009年3月期決算258億円、2010年3月期決算207億円、2011年3月期決算219億円、2012年3月期決算115億円、2013年3月期決算115億円、2014年3月期決算369億円、合計1283億円）。**まさに〝ナショナル〟の遺産を食い潰していたのです。**しかし、2018年3月期は7513億円（資本金2587億円の2・9倍）まで回復してきました。

グループの連結利益剰余金は、2008年3月期には3兆円を超えていました（3兆381億円）。しかし、右で指摘したような状況において、2013年3月期の連結利益剰余金は

7698億円と、2008年3月期からの5年間に2兆2600億円も減少しました。その後は連結業績の回復により、2018年3月期は1兆3003億円（資本金の5・0倍）です。しかし、10年前の半分にも達していません。

日立の利益剰余金は、17年前の2001年3月期は1兆円を超えていました。しかし、**図表4－2**（58頁）で見たように、2002年3月期の巨額損失（△2526億円）と2007年3月期から2010年3月期まで連続4期間の損失（△1780億円、△1278億円、△2945億円、△3551億円、合計△6354億円）を利益剰余金で穴埋めした結果、2010年3月期にはわずか810億円（資本金4088億円の約0・2倍）にまで落ち込みました。最近8期間は当期純利益を計上し、2018年3月期は5051億円（資本金4587億円の1・1倍）です。

グループの連結利益剰余金も、2006年3月期の1兆7782億円から2010年3月期には7134億円へと1兆円以上も減少しました。しかし、7年後の2017年3月期の1兆7935億円は、それまでの最高記録である2006年3月期の1兆7782億円を上回り、2018年3月期には初めて2兆円を超えました（2兆1053億円、資本金の4・6倍）。

なお、図表5－5（81頁）と図表5－6（83頁）の製造会社5社と家電大手6社ならびに東芝の利益剰余金の状況も参照してください。

(3) 自己資本比率

自己資本比率が高い会社は利益剰余金が多い、と指摘しました（76頁）。

図表10－1が示すように、17年前のパナソニックは自己資本比率59・1％と高率で、2008年3月期までは50％台をキープしていました。しかし、2009年3月期以降は、すでに検討したような業績の悪化が尾を引いて、2016年3月期には17・8％となり2001年3月期に比し41ポイントも低下しました。最近2年間は好業績を反映し直近では31・1％ですが、これではパナソニックの〝プライド〟が許さないでしょう。17年前の59・1％から28ポイントもダウンしているのです。

日立も、2001年3月期は40・3％でしたが、以降連続して低下、2009年3月期には18・2％まで落ち込みました。業績の悪化が要因です。最近7年間は35・6％～38・5％にあり、直近は37・9％です。

なお、**図表5－4**（76頁）の製造会社5社と家電大手6社の自己資本比率も、もう一度見てください。

パナソニックは、すでに紹介したように1935（昭和10）年12月に松下電器産業株式会社として改組されました。日立製作所は、1920（大正9）年2月に独立しました。日立が15年先輩です。

2018年3月期時点では、パナソニックの連結売上高は7兆9821億円、日立のそれは9兆3686億円、その差は1兆3865億円です。連結総資産はパナソニック6兆2911億円、日立10兆1066億円、その差は3兆8155億円と大きな開きです。自己資本比率はパナソニック31・1％、日立37・9％、そして連結利益剰余金はパナソニック1兆3003億円、日立2兆1053億円で、ともに日立がパナソニックをリードしています。

2 パナソニック・グループの従業員数、連結子会社数、給与

パナソニック・グループの従業員数と子会社社数、そして給与の状況も概観しましょう。

(1) 従業員数と子会社社数――業績を反映

次頁の図表10－4をご覧ください。

12年前の2006年3月末のパナソニック・グループ全体の従業員数は33万4402人でした。以降2期間減少していた従業員数は、6期連続の赤字の起点となった2009年3月末には30万人を割り29万2250人です。翌2010年3月末は前期比9万2336人増の38万4586人ですが、これは三洋電機を子会社化したからです。

その後も赤字が連続するにつれ、グループ全体の従業員数も減少し、連結業績が日本の製造業史上第2位（当時）の赤字に陥った2012年3月末は前期比3万6170人減の33万767人、翌2013年3月末は前期比3万7025人減の29万3742人で、このどん底の2年間で合計7万3195人も減少しました。さらに2013年4月から2016年3月まで

図表10－4　パナソニック・グループの従業員数と子会社数

決算期	連結従業員数	単体従業員数	連結子会社数
2006.3	334,402（人）	45,658（人）	637（社）
2007.3	328,645（△5,757）	44,932（△726）	652（15）
2008.3	305,828（△22,817）	42,728（△2,204）	555（△97）
2009.3	292,250（△13,578）	46,145（3,417）	538（△17）
2010.3	384,586（92,336）	42,356（△3,289）	679（141）
2011.3	366,937（△17,649）	41,154（△1,202）	633（△46）
2012.3	330,767（△36,170）	51,611（10,457）	578（△55）
2013.3	293,742（△37,025）	57,597（5,986）	537（△41）
2014.3	271,789（△21,953）	57,761（164）	504（△33）
2015.3	254,084（△17,705）	51,308（△6,453）	468（△36）
2016.3	252,923（△1,161）	55,937（4,629）	474（6）
2017.3	257,533（4,610）	57,484（1,547）	495（21）
2018.3	274,143（16,610）	61,311（3,827）	591（96）

（注）（　）は前期比

の3年間で4万819人の減少、結果として2016年3月までの6年間でなんと13万1663人も減っているのです。「人は石垣、人は城」といわれますが、厳しい現実です。

なお、最近の2期間の従業員数は増加しています。特に直近の2018年3月末は1万6610人の増加です。好業績を反映しているのです。

一方、パナソニック単体の最近13年間の従業員数は、6期間において前期比マイナスですが、全体としては増加しています。12年前は4万5658人でしたが、直近の

2018年3月末は6万1311人です。すでに検討したように、子会社を吸収合併したこともその一因でしょう。2018年3月期にはパナホームも完全子会社化しました。

そして、連結子会社もグループの業績を反映しています。

グループ史上最高の連結売上高は2007年3月期の9兆1081億円です（図表7－1）。その時の子会社数は652社です。それを上回る2010年3月期の679社は、三洋電機とその子会社が加わったからです。

しかし、2015年3月期には468社と、5年間で211社も解体しました。すでに検討したように業績が大きく落ち込んだからです。最近3期間は増加傾向にあり、特に2018年3月期は前期より96社も増え591社です。

(2)　給与―パナソニック、日立、東芝

課長が最も関心をもつ給与について、パナソニックと日立と東芝の3社を比較してみましょう。3社とも単体の実績です。図表10－5をご覧ください（各年度の有価証券報告書より作成）。

過去16年間の状況です。網掛け部分の平均年間給与800万円に注目してください。

図表10－5　パナソニック・日立・東芝の平均年間給与

（単位：千円）

決算期	パナソニック	日立	東芝
2003年３月期	7,189（41.3）	6,720（38.6）	7,059（39.2）
2004年３月期	7,598（41.7）	7,251（38.9）	7,550（39.5）
2005年３月期	7,588（42.3）	7,436（39.4）	7,563（39.8）
2006年３月期	7,981（42.5）	7,383（39.7）	7,660（40.3）
2007年３月期	8,380（43.1）	7,457（40.0）	7,823（40.3）
2008年３月期	8,460（43.6）	7,478（40.0）	8,036（40.4）
2009年３月期	8,202（44.0）	7,555（40.1）	7,908（40.6）
2010年３月期	7,562（44.3）	7,003（39.7）	7,451（40.8）
2011年３月期	7,782（44.6）	7,570（39.9）	7,783（41.3）
2012年３月期	7,906（44.0）	8,002（40.0）	7,981（40.9）
2013年３月期	7,313（44.5）	8,025（40.2）	8,008（42.2）
2014年３月期	6,910（44.9）	8,275（40.7）	8,118（42.7）
2015年３月期	7,564（45.3）	8,612（41.0）	8,447（43.1）
2016年３月期	7,890（45.6）	8,686（41.2）	8,275（43.4）
2017年３月期	7,814（45.3）	8,498（41.4）	7,105（43.3）
2018年３月期	7,680（45.6）	8,715（41.7）	8,155（43.5）

（注）　平均年間給与は賞与および基準外賃金を含む。（　）は平均年齢。

パナソニックは、これまで3期しかありません。2007年3月期と2008年3月期は至福の時でした。2009年3月期は一転して赤字です（給与の改正時には〝リーマン・ショック〟は予期できなかったのでしょう。112頁）。10年以上も前のことです。

日立は、最近7年間は800万円を超えています。そして、わずかながらも増加傾向です。業績が好調なのです（58頁の図表4－2）。

東芝も最近6期間において800万円超です。83頁で紹介したように、2017年3月期は「不正会計」の混乱で業績も大幅にダウン、給与もほぼ同じ年齢で前年を110万円も下回る710万円に落ち込みました。直近は815万円と回復しています。

明らかに、パナソニックは厳しい状況です。残念ながら、最近9年間の平均給与は上がっていないのです。2018年3月期の768万円（45・6歳）は、8年前の2010年3月期の756万円（44・3歳）をわずかに上回っていますが、ほぼ同じ水準です。

直近の2018年3月期において、日立は41・7歳で871万円、東芝は43・5歳で815万円です。日立との差は、パナソニックが平均年齢4歳上にもかかわらず約100万円も低いのです。しかも、2018年3月期は、日立と東芝は前年を上回りましたが、パナソニックは下回っています。好業績（131頁）なのに、どうしてでしょうか？

3　ある事件――こんなことをしてはいけません

6年前のことです。今さら何を！　とパナソニック関係者は怒るでしょう。でも、事実なのです。

図表10－6　未払費用

内　訳	金　額
販売直接費	50,079（百万円）
従業員給与	5,441
広告宣伝費及び販売助成費	19,329
運送費	10,065
特許権使用料	19,463
支払利息	1,006
その他諸経費	995,327
計	1,100,710

2012年3月期のパナソニックの株主総会に提出された貸借対照表の流動負債に、未払費用1兆1007億円が計上されていました。それは、流動負債合計3兆46億円の37％も占める大きな金額です。しかし、その内容を知ることができませんでした。

そこで、同社の有価証券報告書の「主な資産及び負債の内容」を見ると、「未払費用」の内訳が図表10－6のように示されていたのです。

この内訳表から未払費用の最大の金額は「販売直接費500億7900万円」、最小の金額は「支払利息10億600万円」であることがわかります。しかし、巨額な「その他諸経費9953億2700万円」の内容は不明です。

財務諸表の開示は一般には「重要性の原則」（金額が大きい項目）を基準にするので、その他諸経費は、支払利息10億600万円以下の少額の多くの未払経費が合算されて9953億2700万円を構成している

図表10－7 2012年3月期の特別損失

投資有価証券売却損	19,737（百万円）
関係会社債務超過引当損	394,974
減損損失	74,559
事業構造改革特別損失	46,047
合併に伴う損失	60,361
（合計）	595,678（百万円）

と解するのが常識です。

一方、同じ2012年3月期の損益計算書の「特別損失」には、図表10－7が記載されていました（図表8－1、133頁も参照してください）。

「関係会社債務超過引当損3949億7400万円」が突出しています。債務超過に陥っている関係会社に対する貸付金などの貸倒れに備える引当金の当期繰入額です（120頁と148頁をもう一度お読みください）。約4000億円も計上されているのです。これだけの巨額な引当損が計上されているにもかかわらず、貸借対照表の負債の部にはそれに対応する引当金、つまり「関係会社債務超過引当金」が見当たらないのです（簿記では（借方）関係会社債務超過引当損×××（貸方）関係会社債務超過引当金×××と仕訳《しわけ》します）。

おかしいな、と思いました。どうしてだろう、と疑問を持ちました。

図表10－8　2013年３月期の個別注記表「表示方法の変更に関する注記」

（貸借対照表）
前事業年度において，関係会社に対する将来の損失見積り額は，流動負債の「未払費用」に含めて表示しておりましたが，表示上の明瞭性を高めるため，当事業年度より「関係会社事業損失引当金」（前事業年度831,448百万円）として表示しております。

（損益計算書）
前事業年度において，関係会社に対する将来の損失見積り額は，特別損失の「関係会社債務超過引当損」（前事業年度394,974百万円）として表示しておりましたが，貸借対照表上の表示方法を変更したことに伴い，当事業年度より「関係会社事業損失引当金繰入額」として表示しております。

すると１年後の２０１３（平成25）年３月期の株主総会に提出された貸借対照表には、流動負債３兆１３７２億２９００万円の中に、新たに「関係会社事業損失引当金９４８４億６０００万円」が掲載されているのです（「関係会社債務超過引当金」は２０１３年３月期から「関係会社事業損失引当金」に変更されました）。また、損益計算書には「関係会社事業損失引当金繰入額１１４０億９６００万円」が登場したのです（１２４頁）。前期の「関係会社債務超過引当金」と当期の「関係会社事業損失引当金」との差額処理なので、貸借対照表の関係会社事業損失引当金の金額とは一致しません）。

そして、パナソニックは２０１３年３月期の個別注記表の「表示方法の変更に関する注記」において、**図表10－8**のように記載したのです。お読みください。

つまり、2012年3月期に明示すべきであった「関係会社債務超過引当金」8314億4800万円は、図表10－6の未払費用の「その他諸経費」9953億2700万円の中に含まれていたのです。未払費用には関係会社債務超過引当金8314億4800万円という大物が含まれていたのです。否、これは隠されていたのです。明らかに「隠蔽」です。当期純損失には影響を及ぼしませんが、表示方法において大問題です。これはいけません。伝統ある「松下経理大学」が泣きます。そして、これに気付かない（？）監査法人も問題です。

さすがにパナソニックも大いに反省しました。翌期に津賀新政権は、「表示の明瞭性を高めるため」と弁明したのです。そして、有価証券報告書においては「一部誤りがあった」ことを認め、過去5期間（2009年3月期～2013年3月期）に係る訂正有価証券報告書を2013年8月6日に提出したのです。

「事件」が起きた2012年3月期は、売上高が4兆円を割り3兆8724億円、当期純損失5270億円、パナソニック・グループ全体で、過去最大となる7721億円もの赤字を計上した異常事態の時です。

「貧すれば鈍する」（Poverty dulls the wit）です。

●病欠の部下に，「君がいないとダメなんだな！」と電話口で言う課長がいます。部下の健康への配慮に欠ける課長は，「健康経営」という風通しの良い職場を構築するリーダーとしては B^- 課長でしょう。

●椅子に横座りして足を組み，部下の提案を「そんなのダメだよ」とか，「それは別の課の仕事だろう」とか，「俺，聞いてないよ」とか言って，やる気をなくさせてしまう課長はC課長です。

なお，「社長の命令だ，黙ってやれ」と仕事を押し付け，手柄は自分のものにしてしまう課長，部下へのセクシャリティへの配慮のない課長は，格付けの対象になりません。

課長！　ひとは褒《ほ》められると元気が出るのです。

課長も，部長や取締役に褒められるとうれしいでしょう。たまに会う社長に「期待しているよ」の言葉を掛けられると，よし！　このひとのためなら，と思うこともあるでしょう（もちろん，報われないこともあります）。

課長！　部下の彼と彼女のいい資質を見出し，褒めてあげてください。

コラム④ 課長の格付け

人の価値は誰にも決められません。ですから，課長を「格付け」するなんて，もってのほかです。

一方で，会社は「闘う集団」でもあります。

そこで，闘う集団の一員としての部下の立場から，あえて課長を格付けしてみました。A：上位2割，B：中位6割，C：下位2割，です。

- 目標を高く掲げ，そのためのステップを明示し，自らリードし，部下の意見に耳を傾け，時には自らの主張を撤回する謙虚さを持っている課長。文句なしの A^+ 評価です。
- 部下の誰にでも同じように「期待」し，「鍛え」，「機会の場を与えること」のできる課長もA課長です。
- 会議であらかじめ準備した長い文章を丁寧に読む課長がいます。せっかく準備したので頑張る気持ちはわかります。でも出席したメンバーはすでに読み終わっているのです。努力を評価してB課長とします。やや甘い判定です。
- 部下の新たな提案に赤線や“？マーク”ばかり付けて，自分の意見を述べない課長もいます。B^- 課長でしょう。

補章　攻めのリスクマネジメント
——ERM経営とは？

1　リスクをチャンスとして捉える

会社はいろいろなリスクに晒《さら》されています。地震や風水害などの自然災害、国内外における株価の暴落、外国為替市場の大幅な変動、不良債権の増加、個人情報や機密情報の大量漏えい、企業価値の著しい毀《き》損《そん》につながる不正行為、システム障害、訴訟・風評、長時間労働やハラスメントなどなどです。

こうしたリスクに対して、会社は、保険を掛け、保有する金融資産の組合せを替えたり、為替予約やデリバティブなどの取引を行い、与信管理を強化し、コーポレートガバナンスや内部統制なども強化して、個々のリスクに関連する部門が対処しています。

このような、いわば「守りのリスクマネジメント」から、リスクを脅威としてだけではなく、環境や社会的課題を解決する新たなビジネスチャンスとしても捉え、積極的なリスクテイクにより一層その収益性の向上を目指す、という「攻めのリスクマネジメント」がERM経営(Enterprise Risk Management)です(1)。

例えば、自然資本（大気や土壌、水、海、動物、植物などの自然財産を資本とみる）の劣化による事業環境基盤の喪失というリスクに対しては、脱炭素（地球温暖化の原因となるCO_2などの温室効果ガスの排出を防ぐために石油や石炭などから脱却すること）や資源効率に資するニュービジネスの出現が期待されるのです。自然資本から生み出される生態系サービスは、年間何兆ドルもの価値につながっているといわれています。また、高度化するサイバー攻撃というリスクや再生医療に伴うリスクの出現や増大に対しては、新たな市場が創生されるのです。

そして、リスクをビジネスチャンスと捉える動向は、例えば、主要25カ国の中央銀行、金融監督当局、財務省などが参加する「金融安定理事会」の傘下にある「気候関連財務情報開示タスクフォース」の以下のような提言にも見られ、国際的にも広がっているのです(2)。

「企業や機関投資家は、気候変動リスクと機会（opportunities）について、ガバナンス（取締役会や経営者の役割）、戦略（リスクと機会の内容、それらが事業・戦略・財務計画に及ぼすインパクト）、リスクマネジメント（リスクの特定・評価・管理）、設定する目標と目標に対する実績などを、貸借対照表と損益計算書、そしてキャッシュ・フロー計算書においで自主的に開示すること。」

2 リスクとリターンと資本の一体的管理

ＥＲＭ経営の中核的機能は、リスクを統合的に捉え、リスクとリターン（収益）と資本をバランスよく管理することです。ここでは、損害保険会社（持株会社と事業体としての構成会社）を取り上げます(3)。

損害保険会社にとってのＥＲＭ経営とは、まず、グループ全体に発生しうるリスクを統合的に把握し、そのリスクに耐える資本の十分性を確保することにより、財務の健全性を維持することです。損害保険会社の場合、リスクが発現した時には、自社とともに保険契約を結んだ多くの顧客にも損失が発生するのです。損害保険会社は巨額の保険金を確実に支払わなければなりません。なおかつ存続しなければなりません。したがって、健全性の維持が大原則です。そして、グループ全体の資本を有効かつ効率的に活用し、リスクに見合うリターンを生み出すことによりグループ全体の収益性と資本効率の向上を目指します。そうすることによって

図表補－1　ERMの３つの機能

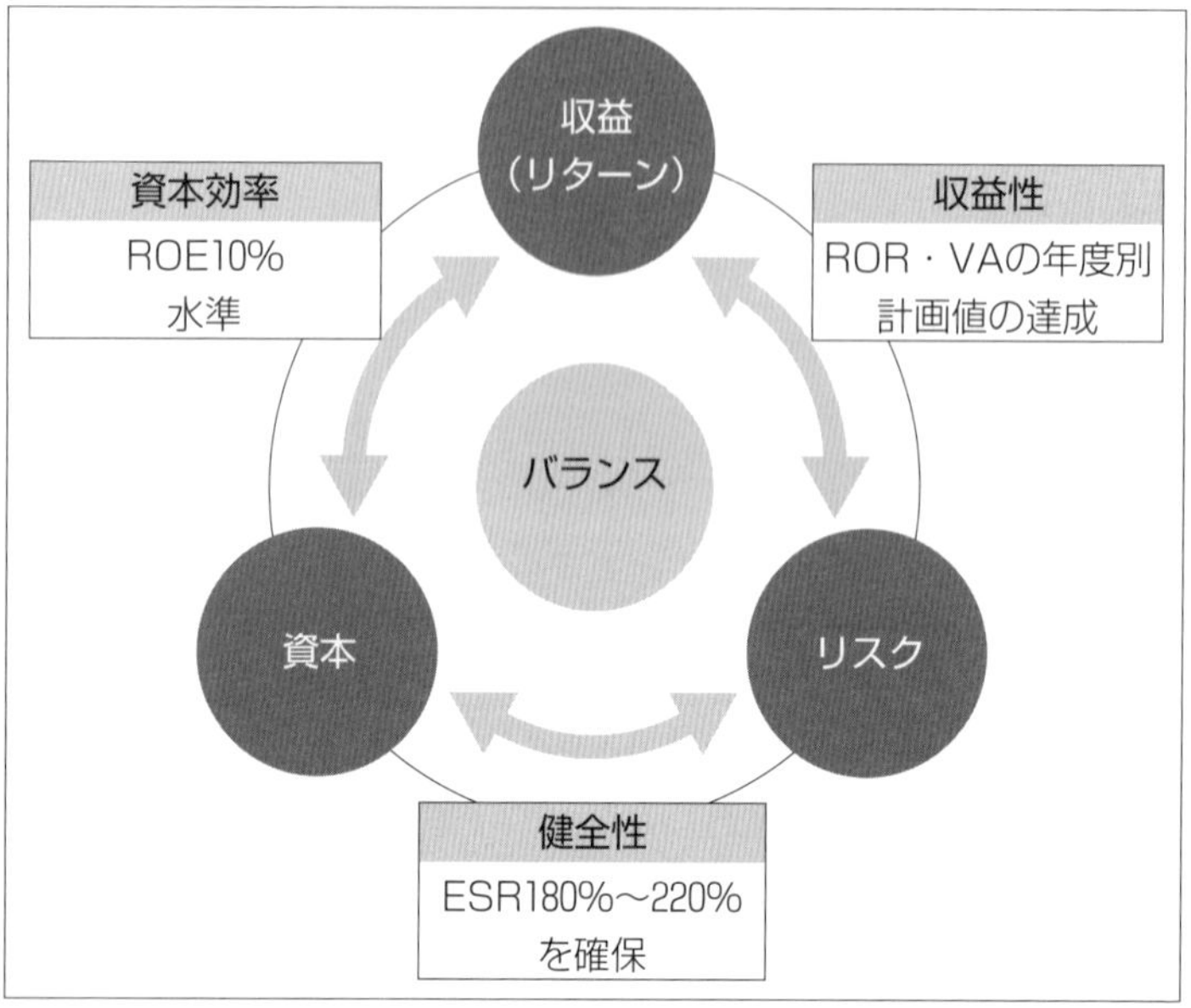

グループの企業価値を高めることができるからです。

図表補－1をご覧ください。

まず、リスクと資本の関係です。発生するかもしれないリスクを金額ベースで捉えなければなりません。そして、資本はそのリスク（「統合リスク」といいます）をカバーしうるものでなければなりません。なぜなら、資本はリスク発現時の損失・・・吸収能力だからです。そして、資本はなおかつ余裕のある状態にあらねばなりません。リスクと資本は特に金融市場などの影響によって大きく変動するため、そうした状況を踏まえた健全性の維持が重要になります。なお、ここでいう資本とは、連結貸借対照表の純資産（自己資本）を時価で評価した額のことです。

そこで、損害保険会社は、健全性の指標として、ＥＳＲ（Economic Solvency Ratio）を用います。これは、「経済価値（時価）ベースのソルベンシー・マージン比率」です。「資本（時価純資産）÷リスク（統合リスク量）」で示され、リスクテイクによる将来の不確実性に対する財務の健全性を示す指標です。

例えば、ＥＳＲが１００％を下回る場合、リスクがすべて発現してしまうと、資本でカバーすることができなくなります。そのため、会社はＥＳＲの目標水準を設定し（例えば、１８０％～２２０％を適正水準とします）、健全性の状況を対外的に公表しています。

なお、統合リスク量の計測については後述します。

次に、リターン（収益）と資本の関係です。「ＲＯＥ（Return on Equity）＝リターン÷資本」で示すことができます。これは、グループ全体の資本効率を表す指標です。資本をどれだけ有効に活用してリターン（最終利益としての当期純利益）を上げているかを示します。

例えば、グループ全体のＲＯＥ10％水準を目標にします。

そして、リスクとリターンの関係です。引き受けたリスクに対してどれだけのリターン

図表補－2　リスク・リターン・資本の関係

$$\text{ROE} = \frac{\text{リターン}}{\text{資本}} \doteqdot \frac{\text{リターン}}{\text{リスク}} \times \frac{\text{リスク}}{\text{資本}} \left(= \frac{1}{\text{ESR}}\right)$$

ROE	リターン／リスク	リスク／資本
資本効率	収益性（ROR）	資本の十分性

（注）上の算式の「≒」（ニアリーイコール）の意味は，ROE（当期純利益÷資本）算定の分母である資本は簿価であるのに対して，ESR（資本÷リスク）算定の分子である資本は時価をベースにしているからです（187頁）。

図表補－3　ROEの算式

ROE ＝ 売上高利益率 × 総資本回転率 × 財務レバレッジ

$$\frac{\text{当期純利益}}{\text{自己資本}} = \frac{\text{当期純利益}}{\text{売上高}} \times \frac{\text{売上高}}{\text{総資本}} \times \frac{\text{総資本}}{\text{自己資本}}$$

（当期純利益）が得られたかを示す「ROR（Return on Risk）＝リターン÷リスク」は収益性を示します。

RORを向上させるためには、リターンの拡大に加えて、分母のリスク量を抑制することも考えられます。しかし、リスクテイクの縮小は、将来利益の減少や成長性鈍化を招く可能性もあります。そのため、「RORは〃パーセント〃なので」金額ベース（VA：Value Added）でも管理（目標値・実績・原因分析）することが重要です。

このようなリスクとリターンと

資本の三者は、図表補－2のような関係にあります。

参考までに、通常の会社の「ROE：株主資本利益率」は、図表補－3の算式によります。

3　リスクと資本、資本配賦とリスクリミットの関係

ERM経営は次のようなプロセスを取ります。

次頁の図表補－4をご覧ください。リスクと資本および資本配賦とリスクリミットの関係を示しています。

まず、グループ全体の時価純資産を計測します。

そこで、直近の連結貸借対照表の純資産（自己資本。図表補－4では2兆9000億円）を、時価純資産に評価替えします。時価評価していない資産（有価証券、貸付金、土地・建物）と負債（社債など）の「含み損益」を加減し、負債の部に計上されている「異常危険準備金」（損害保険会社の場合、単年度の保険料収入では吸収し得ない大型台風などによる異常損害に備えるために毎期の保険料収入に対して一定の割合で費用計上し準備金として積み立てています）や「価格変動準備金」（保険会社が保有する株式や債券などの価格変動による損失に備え

図表補－4　リスクと資本及び資本配賦とリスクリミットの関係

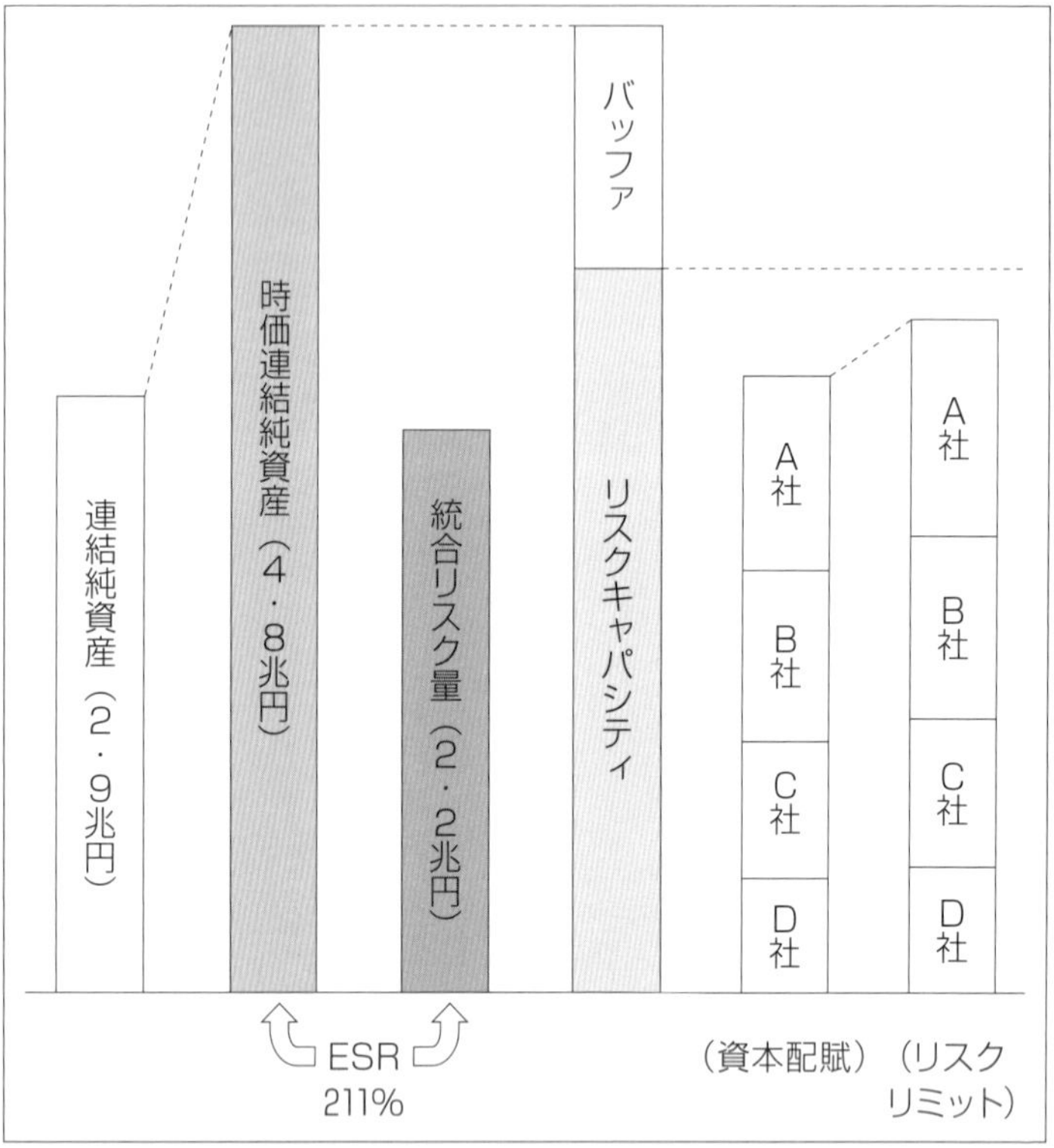

（注）　数値は，MS&ADインシュアランスグループホールディングス株式会社の2018年３月末実績値（『MS&AD統合レポート2018』39頁）

るための準備金）などを加算し、「のれんや無形固定資産相当額」を控除します（のれんなどは債務弁済のための資産としては役立たないからです）。その結果の時価純資産は、まさに「経営体力」です。それを、4兆8000億円と評価します。時価純資産が簿価純資産を1兆9000億円上回っている状況です。

この時価純資産のうち、想定外の自然災害などのように計量化できないリスク事象が発生する場合や想定したリスクがすべて発現した場合でも経営が継続できる余力として〝バッファ〟を設置します。

時価純資産からバッファを控除した額を〝リスクキャパシティ〟と呼びます。これは、統合リスク量（金額）をカバーできる時価純資産の最大金額のことです。換言すれば、グループ全体で最大限保有可能なリスク金額のことです。

さて、グループ全体の統合リスク量の計測です。

損害保険会社の場合、発生しうるリスクをカテゴリー別に分類し、それぞれのリスクを計測します。例えば、保険引受リスク（地震リスク、風水災等リスク、海外自然災害リスク）、市場リスク（金利や株式、為替の変動によるリスク）、信用リスク（不良債権の増加などによるリスク）、政策保有株リスク（上場会社同士が相互に保有する持合株式などは株価下落によるリスクを負っています）、オペレーショナルリスク（システム障害や情報漏えいのような通常の業務活動に係るリスク）などに分類し、それぞれのリスク量を統計的手法により計測します(4)。カテゴリーごとのリスク量を統合したものが統合リスク量です。図表補－4では統合リスク量を2兆2000億円とします。

次のステップは、構成会社への資本配賦額を決定することです。

資本を効率的に活用するという観点から、持株会社は、積極的にリスクテイクする領域などを定めた方針や計画に基づき、構成会社へ資本を配賦します。資本配賦額とは、事業会社が目標とするリターンの獲得に要するリスクテイクに必要な資本のことです。これは規制上の資本とは異なり、管理会計上の資本です。資本配賦額は、リスクキャパシティの範囲内で決定されます。

そして、リスクをこの程度まで取ることができるという上限として、〝リスクリミット〟を設定します。大きなリターンを得るためには大きなリスクを取ることが必要ですが、リスクリミットまでリスクを取得した場合にも、グループ全体の統合リスク量がリスクキャパシティの範囲内に収まることで、財務の健全性が確保されます。

各構成会社は、この資本配賦額をベースにリスクテイクを行い、リターンを追求するのです。グループ各社が資本の効率性を高めることによって、グループ全体の目標とする資本の効率性を達成することができるのです（図表補－5）。

4 〝ストレステスト〟

過去のデータからは想定されないリスクの発現など、リスク量計測の弱点を補完するために〝ストレステスト〟を実施します。いわゆる最悪のケースを想定した場合の最大損失額を算定して、グループがどこまでリスクに耐えられるかを測るのです。

具体的には、株価・金利・自然災害の過去のワーストケース同時発生、株価・為替・金利の最大下落率の同時発生、リーマン・ショック級の市場・信用変動、南海トラフ巨大地震や首都圏直下地震の発生などのシナリオを設定し、リスクキャパシティやＥＳＲ（１８５頁）、期間損益への影響など

図表補－5　資本の効率性の算式

$$資本の効率性 = \frac{利益}{資本} = \frac{リターン}{資本} - \frac{リスク}{資本}$$

について常時把握します。

ポイント

ＥＲＭ経営の基本的枠組みは、リスクに果敢に挑戦しながらも、それを「経営体力」に見合うように制御することによって財務の健全性を維持しつつ、各構成会社に管理上の資本を配賦し、各社はその資本をベースにリスクテイクを行い、リスクを上回る利益を追求することによって、グループが目標とする資本効率と収益性を達成するというプロセスです。

課長！　メガバンクや生保・損保、総合商社などはＥＲＭ経営を実践しています。とりあえず、最先端の経営管理手法であるＥＲＭの「概念」を学びましょう。

〔注〕　(1)　日本銀行『金融機関における統合的なリスク管理』（平成13年6月8日）は、邦銀大手の当時の取組みにそって、ＥＲＭ経営を「統合リスク管理」と呼んでいますが、次のように述べています（同資料4頁）。

「〔統合リスク管理とは〕さまざまなリスクを共通の見方で統合的に捉えたうえで、(1)経営体力に見合ったリスク制御による健全性の確保、(2)リスク調整後収益に基づいた経営管理（業績評価、資源配分等）による収益性や効率性の向上、を目指す体制」

(2) TCFD, *Final Report : Recommendations of the Task Force on Climate-related Financial Disclosure*, June 2017.

(3) 『ＭＳ＆ＡＤ統合レポート２０１８』。同書は「第６回ＷＩＣＩジャパン統合報告優秀企業大賞」を受賞しています。ＭＳ＆ＡＤインシュアランスグループホールディングス株式会社は、三井住友海上火災保険、あいおいニッセイ同和損害保険などのグループ保険会社を有する持株会社です。

なお、Ｓ＆Ｐ（アメリカに本社を置く１８６０年創業の格付け会社Standard & Poor's の略称。同国のMoody'sと並ぶ世界的な格付会社）は、ＥＲＭを保険会社の格付け評価の１項目としています。ＥＲＭについては、①リスク管理に対する企業文化、②リスクコントロール、③エマージングリスク管理（エマージングリスクとは、現時点では大きな脅威ではないが中・長期的に企業経営に影響を与えるリスク事象のこと）、④リスクモデル、⑤戦略的リスク管理の５つの項目について評価します。

(4) 統合リスク量の計測に当たっては、確率・統計や数理経済モデルを活用したＶａＲ（Value at Risk）という手法が用いられます。ＶａＲは、「予想最大損失額」です。今現在所有している資産を、今後も一定期間保有し続けたとして、株価や金利などのリスクファクターの変動に晒されることで、どれくらいの損失を被る可能性があるかを、過去のデータに基づいて統計的に計測する手法です。

おわりに

学生時代、ビール工場の見学で大きなショックを受けました。

現場は、ベルトコンベアで流れてくる空きビンに他社のビンが混じっていないかをチェックし、それを抜き出す作業でした。空きビンのぶつかり合う音が凄《すさ》まじく、耳栓《みみせん》をしながら2人の女性がビールビンと睨《にら》めっこしているのです（失礼な発言はお詫びします）。

これが現実なんだと、その厳しさを思い知らされました。

その後も、公認会計士として時おり会社や工場を訪問します。

適度な騒音と油の匂いのする工場が好きです。ですから、監査の仕事に区切りをつけて、工場に向かいます。

しかし、現場は相変わらず過酷です。

従業員は同じ作業を繰り返すのです。目を傷つけないようにお面をかぶってバーナーを使い、厚い鉄板にムダが生じないように四苦八苦して切削しているのです。かなりの異臭に負けないようにマスクをして塗装をしているのです。マシーンが作ったダイカスト製品を、ハンマーを使って整えているのです。重いプレスに腕や指が巻き込まれないように防具を付けながら黙々と作業をしているのです。毎日、毎日です。

現場を見ると、「仕事を通じて生きがいを見出せ」とか、「人は報酬よりも、納得のいく仕事、自分が成長していくことが実感できる仕事に生きがいを見出す」なんてことは、簡単には言えません。むしろ、空虚に響きます。

課長！　現場へ頻繁に足を運んでください。現場の「匂い」や「臭い」を嗅ぎ、そこで起きている事象をしっかりと見極め、現場環境を改善し、現場力を強化してください。

私は信じます。現場にある事実が、生きたデータが企業経営のすべての基本だと。

２０１９年３月

松尾山を望みつつ

千代田　邦夫

■著者紹介

千代田　邦夫（ちよだ　くにお）

1966年　早稲田大学第一商学部卒業
1968年　早稲田大学大学院商学研究科修士課程修了
1968年　鹿児島経済大学助手，講師，助教授（～1976年）
1976年　立命館大学経営学部助教授（～1984年）
1984年　立命館大学経営学部教授（～2006年）
2006年　立命館大学大学院経営管理研究科教授（～2009年）
2009年　熊本学園大学大学院会計専門職研究科教授（～2012年）
2012年　早稲田大学大学院会計研究科教授（～2014年）
2013年　公認会計士・監査審査会会長（～2016年）
現　在　立命館大学大学院経営管理研究科客員教授
　　　　立命館アジア太平洋大学（APU）客員教授
　　　　MS&ADインシュアランスグループホールディングス㈱
　　　　監査役（非常勤）
　　　　経営学博士・公認会計士

〈主要著書〉

単著

『財務ディスクロージャーと会計士監査の進化』中央経済社，2018年
『新版会計学入門―会計・監査の基礎を学ぶ』（第5版），中央経済社，2018年
『闘う公認会計士―アメリカにおける150年の軌跡』中央経済社，2014年
『監査役に何ができるか？』（第2版），中央経済社，2013年
『現代会計監査論』（全面改訂版），税務経理協会，2009年
『会計学入門―会計・税務・監査の基礎を学ぶ』（第9版），中央経済社，2008年
『貸借対照表監査研究』中央経済社，2008年
『日本会计』李敏校閲・李文忠訳，上海財経大学出版社，2006年
『課長の会計道』中央経済社，2004年
『監査論の基礎』税務経理協会，1998年
『アメリカ監査論―マルチディメンショナル・アプローチとリスク・アプローチ』中央経済社，1994年（日経・経済図書文化賞，日本会計研究学会太田賞，日本内部監査協会青木賞）
『公認会計士―あるプロフェッショナル100年の闘い』文理閣，1987年
『アメリカ監査制度発達史』中央経済社，1984年（日本公認会計士協会学術賞）

共編著

『体系現代会計学第7巻　会計監査と企業統治』中央経済社，2011年

共訳

『ウォーレスの監査論―自由市場と規制市場における監査の経済的役割』同文舘出版，1991年

現場力がUPする課長の会計強化書

2019年7月1日　第1版第1刷発行

著　者　千代田　邦夫
発行者　山本　継
発行所　㈱中央経済社
発売元　㈱中央経済グループパブリッシング

〒101-0051 東京都千代田区神田神保町1-31-2
電 話 03 (3293) 3371(編集代表)
03 (3293) 3381(営業代表)
http://www.chuokeizai.co.jp/
印　刷／東光整版印刷㈱
製　本／誠 製 本 ㈱

ISBN 978-4-502-31181-9　C3034